Les Six Lois de la Richesse

LES SIX LOIS DE LA RICHESSE

Par : D.K. Hawkins
Version 1.1 ~Janvier 2023
Publié par D.K. Hawkins chez KDP
Copyright ©2023 par D.K. Hawkins. Tous droits réservés.

Aucune partie de cette publication ne peut être reproduite, distribuée ou transmise sous quelque forme ou par quelque moyen que ce soit, y compris la photocopie, l'enregistrement ou d'autres méthodes électroniques ou mécaniques, ou par tout système de stockage ou de récupération de l'information, sans l'autorisation écrite préalable des éditeurs, sauf dans le cas de très brèves citations incorporées dans des critiques et certaines autres utilisations non commerciales autorisées par la loi sur le droit d'auteur.

Tous droits réservés, y compris le droit de reproduction en tout ou partie sous quelque forme que ce soit.

Toutes les informations contenues dans ce livre ont été soigneusement recherchées et vérifiées quant à leur exactitude factuelle. Toutefois, l'auteur et l'éditeur ne garantissent pas, de manière expresse ou implicite, que les informations contenues dans ce livre conviennent à chaque individu, situation ou objectif et n'assument aucune responsabilité en cas d'erreurs ou d'omissions.

Le lecteur assume le risque et l'entière responsabilité de toutes ses actions. L'auteur ne sera pas tenu responsable de toute perte ou dommage, qu'il soit consécutif, accidentel, spécial ou autre, pouvant résulter des informations présentées dans ce livre.

Toutes les images sont libres d'utilisation ou achetées sur des sites de photos de stock ou libres de droits pour une utilisation commerciale. Pour ce livre, je me suis appuyé sur mes propres observations ainsi que sur de nombreuses sources différentes, et j'ai fait de mon mieux pour vérifier les faits et attribuer le mérite à qui de droit. Dans le cas où du matériel serait utilisé sans autorisation, veuillez me contacter afin que l'oubli soit corrigé.

Les informations fournies dans ce livre le sont à titre informatif uniquement et ne sont pas destinées à être une source de conseils ou d'analyse de crédit en ce qui concerne le matériel présenté. Les informations et/ou documents contenus dans ce livre ne constituent pas des conseils juridiques ou financiers et ne devraient jamais être utilisés sans avoir consulté au préalable un professionnel de la finance afin de déterminer ce qui convient le mieux à vos besoins individuels.

L'éditeur et l'auteur ne donnent aucune garantie ou autre promesse quant aux résultats qui peuvent être obtenus en utilisant le contenu de ce livre. Vous ne devez jamais prendre de décision d'investissement sans consulter au préalable votre propre conseiller financier et sans effectuer vos propres recherches et diligences. Dans la mesure maximale autorisée par la loi, l'éditeur et l'auteur déclinent toute responsabilité dans le cas où les informations, commentaires, analyses, opinions, conseils et/ou recommandations contenus dans ce livre s'avéreraient inexacts, incomplets ou peu fiables ou entraîneraient des pertes d'investissement ou autres.

Le contenu de ce livre n'est pas destiné à et ne constitue pas un conseil juridique ou un conseil en investissement, et aucune relation avocat-client n'est établie. L'éditeur et l'auteur fournissent ce livre et son contenu sur une base "telle quelle". Vous utilisez les informations contenues dans ce livre à vos propres risques.

TABLE DES MATIÈRES.

TABLE DES MATIÈRES. 3

INTRODUCTION. 5

PARTIE 1 - L'ÉPARGNE. 9

    POURQUOI EST-IL SI DIFFICILE D'ÉCONOMISER DE L'ARGENT ? COMMENT PUIS-JE FAIRE MIEUX ? 10

    LES MEILLEURES IDÉES POUR ÉCONOMISER DE L'ARGENT DE TOUS LES TEMPS. 21

PARTIE 2 - INVESTIR. 41

    QU'EST-CE QU'UN INVESTISSEMENT ? 41

    QUELLES SONT LES DIFFÉRENTES FORMES D'INVESTISSEMENT ? 49

    COMMENT DEVENIR RICHE EN TANT QU'INVESTISSEUR. 55

    COMMENT COMMENCER À INVESTIR DÈS AUJOURD'HUI AVEC L'ARGENT QUE VOUS DÉPENSEZ ACTUELLEMENT. 61

PARTIE 3 - SANS DETTE. 68

    COMMENT COMPRENDRE LA PSYCHOLOGIE DE L'ENDETTEMENT ET SE DÉSENDETTER. 78

    UNE MAUVAISE DETTE PEUT RUINER VOTRE PATRIMOINE. 88

    VOTRE STRATÉGIE DE RÉDUCTION DES DETTES. 90

    CONVERTIR LA DETTE EN RICHESSE. 94

PARTIE 4 - PATIENCE. 100

COMBIEN CELA VOUS COÛTE-T-IL DE DÉVELOPPER LA PATIENCE ? 100

COMMENT PASSER DE LA MISÈRE À LA RICHESSE. 104

L'ARGENT A UN CHAMP D'ÉNERGIE. 105

LA CONCRÉTISATION DE VOS IDÉES. 108

POURQUOI LA PATIENCE EST L'ÉLÉMENT ESSENTIEL DU SUCCÈS. 113

LA FORMULE DE LA RICHESSE QUI NE PEUT JAMAIS ÉCHOUER 119

PARTIE 5 - INVESTIR DANS LE SOI. 129

D'EXCELLENTES MÉTHODES POUR INVESTIR DANS VOUS-MÊME. 135

PARTIE 6 - DIVERSIFIÉ. 147

POURQUOI LA DIVERSIFICATION EST-ELLE IMPORTANTE POUR VOTRE PORTEFEUILLE ? 155

L'IMPORTANCE DE LA DIVERSIFICATION POUR LA CRÉATION DE RICHESSE. 164

DIVERSIFIEZ-VOUS SUFFISAMMENT VOS INVESTISSEMENTS ? 171

LA PRUDENCE EN MATIÈRE D'INVESTISSEMENT GRÂCE À LA DIVERSIFICATION DU PORTEFEUILLE. 185

LES TECHNIQUES DE SORTIE ET LA DIVERSIFICATION. 195

LA DIVERSIFICATION EST LA CLÉ DE LA RICHESSE INDIVIDUELLE. 201

CONCLUSION. 214

INTRODUCTION.

Parmi les lois les plus importantes qui régissent l'univers figurent les lois de la richesse. Ces principes concernent le flux et le reflux de la richesse dans notre vie, et contrairement à l'idée reçue, cette loi n'est pas si frugale que cela après tout.

Vous voulez en savoir plus sur ces lois ? Continuez à lire pour en savoir plus sur les lois de la richesse.

L'univers est abondant. Malheureusement, peu de gens semblent le comprendre et tentent de s'accrocher à ce qu'ils ont. Ils ne saisissent pas que la prospérité peut circuler librement ; elle n'est pas limitée. Lorsque vous renoncez à la richesse, vous la recevez toujours en retour sous une forme ou une autre.

Felix Dennis, l'une des personnes les plus riches du monde, a déclaré qu'après avoir donné, prêté ou donné son argent, il faut l'oublier. Selon les lois de la richesse, les semblables attirent les semblables. Si vous vous alignez sur votre demande, elle viendra à vous. Par conséquent, pour attirer la richesse, vous devez avoir un état d'esprit qui vibre à la même fréquence que votre désir.

Si vous demandez plus d'argent et de prospérité tout en pensant à vos factures et à vos problèmes financiers, vous allez tout simplement attirer plus de factures et de problèmes financiers. Avant de faire quoi que ce soit d'autre, vous devez purifier votre esprit et accepter vos pensées et vos émotions. Assurez-vous que votre niveau d'enthousiasme est à la hauteur de la demande que vous faites.

Si vous voulez sérieusement attirer plus de richesse dans votre vie, vous devez cesser de vous dégrader. Les lois de la richesse stipulent que les pensées négatives créent des obstacles. Vous devez commencer à vous débarrasser de ces comportements négatifs et à en adopter de nouveaux, plus valorisants. Gardez toujours le sourire, surtout lorsque vous effectuez des tâches banales comme la vaisselle.

Une attitude positive est une technique pour filtrer les idées négatives et commencer à attirer la prospérité dans votre vie. Comme nous l'avons dit précédemment, les lois de la richesse ne sont pas aussi frugales que certaines personnes le prétendent. Le véritable avare est l'individu qui se retient. Il est temps d'arrêter de penser ainsi et de commencer à attirer une plus grande richesse et prospérité.

Tout doit s'expliquer par une loi qui agit en arrière-plan. L'absence de connaissances juridiques ne nie pas l'existence de la loi. Par conséquent, une loi doit expliquer pourquoi Jean est riche et Jim ne l'est pas, étant donné qu'ils possèdent des compétences, des antécédents et une éthique de travail comparables.

Ceux qui comprennent cette loi ne la trouvent pas mystérieuse. Ce n'est pas le hasard ou la chance. Toute explication scientifique élimine le hasard ou la chance. Nous n'invoquons les explications de la chance ou du hasard que face à l'ignorance et à l'incertitude.

Si moi ou quiconque n'a pas encore découvert cette loi, nous pouvons être certains qu'il existe une loi de la richesse ou de l'attraction qui attire l'argent vers ceux qui l'ont exploité consciemment ou inconsciemment.

Chaque phénomène et événement de l'univers peut être expliqué scientifiquement. Un lien de causalité explique un effet comme le fait qu'une personne devienne riche. Dans le domaine des affaires humaines, alors qu'un tel lien peut être établi avec une certitude absolue grâce à des essais contrôlés, il est plus difficile de l'identifier avec une confiance totale.

Cependant, des personnes ayant une grande expérience dans ce domaine affirment que vous pouvez attirer les richesses en cultivant des attributs particuliers. Ces caractéristiques transcendent les caractéristiques d'une personne vertueuse.

Voulez-vous faire entrer un flot ininterrompu d'argent et de richesse dans votre vie ? Apprenez les secrets de la richesse grâce aux six lois et principes de la richesse abordés dans ce LIVRE. Si vous souhaitez devenir riche avec un minimum d'effort et de lutte, alors ce livre est votre ressource de prédilection.

Lisez la suite pour en savoir plus.

PARTIE 1 - L'ÉPARGNE.

Saviez-vous que la façon dont vous gérez vos finances peut être un indicateur important de votre probabilité d'atteindre d'autres objectifs personnels ? En effet, les mêmes principes fondamentaux utilisés pour économiser de l'argent ou accumuler de la richesse peuvent également être appliqués pour atteindre des objectifs non monétaires.

Le processus d'accumulation de la richesse peut être assez lent. Par exemple, pour économiser de l'argent, il faut généralement commencer par une quantité spécifique allant de zéro à un montant indéterminé. Ensuite, nous devons concevoir un plan et faire preuve de l'autodiscipline nécessaire pour mettre ce plan en œuvre. Par conséquent, vous devez être prêt à prendre de petites mesures planifiées pour atteindre votre objectif.

Ne devrions-nous pas suivre la même procédure lorsque nous tentons d'atteindre d'autres objectifs, tels que l'amélioration de la santé ou la recherche d'un nouvel emploi ?

Les gens ne semblent pas comprendre, mais nous accomplissons tout ce que nous désirons en faisant des efforts modestes et progressifs. Nous développons la grandeur en réalisant nos petites ambitions, apparemment sans conséquence.

J'exhorte tous mes clients et abonnés à prendre l'habitude d'économiser souvent de l'argent, non pas pour le dépenser mais pour atteindre l'indépendance et la sécurité financières.

La vraie beauté de l'épargne est qu'après un certain temps, elle devient une habitude, et à ce moment-là, vous vous demanderez pourquoi vous n'avez jamais épargné de façon constante dans le passé et vous voudrez épargner de plus en plus.

POURQUOI EST-IL SI DIFFICILE D'ÉCONOMISER DE L'ARGENT ? COMMENT PUIS-JE FAIRE MIEUX ?

Peut-être vous souvenez-vous, étant enfant, d'un représentant de votre banque locale visitant votre école et parlant à votre classe de l'argent et de l'épargne.

Qu'est-ce donc qu'une épargne ? L'épargne est l'action de stocker quelque chose pour une utilisation future.

Qu'est-ce donc que l'épargne monétaire ? L'épargne est la somme d'argent que vous conservez à partir de vos revenus.

Par conséquent, qu'est-ce qu'un compte d'épargne ? Un compte d'épargne est tout simplement un compte bancaire où sont conservées les économies. La banque vous verse des intérêts (un pourcentage déterminé) sur le solde de votre compte.

Pourquoi la banque agit-elle de la sorte ?

Lorsque vous déposez des fonds dans une banque, celle-ci peut utiliser ces fonds pour les prêter à d'autres personnes et les investir pour réaliser des bénéfices. La banque vous versera un pourcentage de ses gains en échange de votre permission - un pourcentage connu sous le nom de taux d'intérêt détermine cela.

Mais combien d'entre nous ont aujourd'hui un bilan respectable en matière d'épargne ?

À l'époque, nous ne devions payer que pour les bonbons et les jouets. Économiser tout ce que nous avions acquis était simple, mais aujourd'hui, cela semble beaucoup plus difficile. Vous devez payer votre loyer ou votre hypothèque, votre voiture, l'essence, les transports en commun, le téléphone cellulaire, le téléphone fixe, l'Internet, l'électricité, le gaz et la nourriture, sans compter l'argent de poche et les impôts.

Ok, donc après avoir payé tous ces articles, il peut vous rester assez d'argent pour le déposer sur votre compte d'épargne. Cela est vrai pour la plupart des gens. Cependant, n'oubliez pas que tout le monde a ces frais. Vous pouvez croire que le problème est que vous n'avez pas reçu assez d'argent au départ.

Oui, cela peut jouer un rôle, mais ce n'est pas le problème principal. Combien de personnes dans votre bureau, votre famille ou votre cercle social gagnent des salaires élevés mais semblent toujours désespérer de leur prochain salaire ? C'est parce que, probablement comme vous, ils progressent peu. Leurs comptes bancaires sont presque identiques d'année en année.

Alors, qu'en est-il si le problème n'est pas de savoir combien vous recevez, et que tout le monde doit acheter les mêmes biens ?

Pourquoi est-il si difficile d'épargner ?

Commençons par analyser les flux financiers d'une personne ordinaire dans une situation d'épargne.

- Les recettes entrent Les dépenses sortent
- Ce qui reste est appliqué au remboursement de la dette [de la carte de crédit].
- Tout ce qui reste est conservé sur votre compte bancaire.

Cela semble plausible. Cependant, cette approche ne vous propulsera jamais en avant. Il n'y a rien de mal dans ce qui est fait, mais voici le secret : tout dépend de l'ordre dans lequel on l'exécute. Examinons-les dans la séquence CORRECTE.

Un revenu est perçu. Une quantité d'argent prédéterminée est déposée sur un compte d'épargne. Une quantité prédéterminée est utilisée pour rembourser des créances irrécouvrables.

Les dépenses sortent.

"Qu'est-ce que c'est ?" remarquez-vous, "Se payer d'abord ? Vous devez vous moquer de moi. Je ne peux pas me payer en premier. Je n'aurai pas assez de fonds pour couvrir mes dépenses." Et qu'en savez-vous ? Vous avez probablement raison.

La première fois que vous examinerez cette situation dans le cadre du nouvel arrangement, vous découvrirez que vous ne disposez pas de fonds suffisants pour couvrir vos dépenses. Cependant, n'est-ce pas vous qui travaillez tant d'heures ? C'est vous qui avez obtenu la promotion, non ?

N'êtes-vous pas celui qui veut accomplir tous ces objectifs ? C'est le cas. Par conséquent, ma question est : "Pourquoi ne pas vous payer en premier dans le monde ?"

Pensez-vous que Woolworths ou Coles mérite davantage votre patronage ?

Pensez-vous que la banque mérite mieux votre argent ?

Pensez-vous que la compagnie d'électricité devrait être mieux rémunérée que vous ? Non. Ils ne le sont pas.

C'est probablement l'un des plus grands obstacles que vous devrez surmonter pour obtenir l'argent que vous désirez, mais une fois que vous l'aurez fait, TOUT deviendra beaucoup plus clair et plus simple.

Par conséquent, quel est le montant de la somme prédéterminée ?

Si nécessaire, utilisez votre revenu après impôt. La plupart des sites recommandent de commencer avec 10 % de votre revenu brut. Si 10 % est gérable, augmentez le besoin à 15 ou 20 %. Si vous ne pouvez pas gérer 10 %, contentez-vous plutôt de 8 % ou 5 %.

Vous pouvez croire que 10% est impossible à atteindre mais examinons quelques chiffres. Si vous gagnez 10 $ par jour, pourriez-vous survivre avec 9 $? Est-il facile de trouver 1 $ si vous en avez besoin à l'avenir ?

Que peuvent acheter 10 $? Vous pouvez déjeuner au McDonald's un jour et boire quelques bières au bar un soir sans ces 10 dollars.

Et si tu avais 1000 $?

900 $ ne seraient-ils pas suffisants pour s'en sortir sans trop de drame ?

Reposez-vous, et ces 10 % ne vous manqueront pas si vous les retirez immédiatement avant d'envisager de les dépenser. Le salaire annuel moyen en Australie est d'environ 42 000 dollars si vous ne pouvez épargner que 10 % de votre salaire mensuel.

Vous auriez 4 200 dollars sur votre compte bancaire, ce qui n'était pas si difficile. Vous deviez modifier l'ordre dans lequel vous faisiez les choses. Au début, c'était un peu difficile ou inconfortable, mais au deuxième ou troisième chèque de paie, vous le remarquiez à peine. Félicitations.

Voici une réflexion. Certains d'entre vous peuvent croire que 4 200 dollars, ce n'est pas grand-chose, mais savez-vous que cela suffit pour un billet d'avion aller-retour (de Sydney à Phuket) plus les frais de subsistance pendant trois mois, alors que Phuket est l'un des pays les plus chers d'Asie du Sud-Est ? Imaginez endurer cela pendant six mois aux Philippines.

La plupart des personnes travaillent dur toute leur vie pour prendre leur "retraite" dans le dénuement le plus total, en comptant sur leurs petites économies ou sur une pension de l'État (qui diminue rapidement). Ils sont contraints de passer leurs années d'or à lutter contre des problèmes financiers chroniques. Si ces personnes avaient systématiquement mis de côté une petite partie de leurs revenus pour investir, elles disposeraient de fonds suffisants pour une retraite agréable.

Le premier échelon sur le chemin de la richesse est l'épargne. On ne saurait trop insister sur l'importance de l'épargne à l'école de la création de richesse. Au lieu d'épargner ce qui reste après avoir dépensé, la clé de la réussite financière et de la retraite riche est de dépenser ce qui reste après avoir épargné - les gens riches épargnent d'abord et dépensent le reste.

De nos jours, beaucoup prennent leur retraite en s'appauvrissant parce qu'ils sont de grands dépensiers plutôt que de grands épargnants. L'autofinancement est ce que vous recevez de vos économies. Vous semez les graines de vos bénéfices dans le futur pour assurer votre croissance financière.

N'oubliez pas que, quelles que soient les réalisations de votre vie ou la richesse que vous avez accumulée, vous pouvez finir par prendre votre retraite dans une pauvreté abjecte si vous n'avez pas d'épargne et d'investissements.

L'épargne est un indicateur très fort de vos projets. Si vous ne développez pas la pratique de l'épargne, vous pouvez vivre dans la pauvreté pour le reste de votre vie. Ce n'est pas l'argent que vous gagnez qui compte le plus, mais ce que vous pouvez conserver.

Votre épargne assure votre avenir. Plus vous épargnez, plus vous serez en mesure d'acquérir votre indépendance financière et de vivre une vie de plaisir et d'abondance. Ne remettez pas l'épargne au moment opportun. Si c'est le cas, vous devrez attendre éternellement.

Sans épargne, il n'est pas facile de se constituer un patrimoine. De nombreuses personnes invoquent leur salaire pour expliquer qu'elles n'épargnent pas.

En réalité, ce qui compte, ce n'est pas votre salaire mais plutôt votre épargne. Car ce que vous épargnez sera votre salut. L'épargne devrait être une obligation pour tous ceux qui souhaitent prendre une retraite aisée et survivre dans une économie difficile. Pourtant, ils ont fini dans la pauvreté parce qu'ils ont ignoré la notion d'épargne.

Je suis sûr que vous avez accès à des personnes qui étaient autrefois riches mais qui vivent aujourd'hui dans une pauvreté abjecte. Elles vivent avec des regrets. Elles ont négligé d'épargner et d'investir pour l'avenir, si bien qu'elles sont aujourd'hui confrontées à la pauvreté et au dénuement.

Aujourd'hui, nous sommes les seuls responsables de l'accumulation d'un pécule et de la garantie qu'il nous soutiendra pendant la retraite. Cette tâche peut être effrayante mais gérable si vous abordez correctement la planification de la retraite. Plus vous commencez à épargner tôt, plus vous pouvez amasser de fonds.

Si vous épargnez 5 000 N par mois pendant quarante ans avec un taux de retour sur investissement de 25 % par an, vous pouvez accumuler 1,8 milliard de N. L'épargne réelle de N5 000 par mois pendant quarante ans s'élève à N2 400 000. Enfin, si vous épargnez 25 000 N par mois pendant dix ans, vous accumulerez 11,2 millions de N sur un total de 3 millions.

LES MEILLEURES IDÉES POUR ÉCONOMISER DE L'ARGENT DE TOUS LES TEMPS.

Quel que soit le moment de l'histoire, certaines stratégies d'économie d'argent restent constantes, quel que soit l'état de l'économie, les modes, le chômage ou les taux d'intérêt. Certains d'entre vous peuvent être familiers avec ces concepts, tandis que d'autres peuvent ne pas les connaître du tout. Que vous connaissiez ou non ces incroyables secrets, leur utilisation dans votre vie en vaudra la peine.

Les miracles financiers qu'ils feront pour vous sont assurés. Je vous exhorte à les mettre en œuvre, car n'importe qui pourrait transformer votre vie ! De petites modifications peuvent conduire à des résultats considérables. Ainsi, le fait d'ajouter un élément à partir de onze endroits distincts donnera des résultats significatifs. Un plus un égale deux.

Cette liste vise à préserver votre argent durement gagné de manière simple. Il n'y a rien ici qui ne puisse être réalisé quotidiennement.

1 : Garder une trace de vos dépenses quotidiennes.

Albert Einstein a dit : "Il faut être un génie pour reconnaître l'évidence." Il voulait dire que souvent les choses les plus simples de la vie sont les plus puissantes, mais parce qu'elles sont si basiques, nous avons tendance à les ignorer et à ne pas les mettre à profit pour nous.

Garder une trace de vos dépenses quotidiennes est l'une des stratégies les plus simples et les plus efficaces pour gagner de l'argent. Achetez un petit carnet dans un magasin à un dollar et emportez-le partout où vous allez. Notez chaque dollar que vous dépensez. C'est aussi simple que cela.

En quelques semaines seulement, quelque chose de magique va se produire dans votre vie financière si vous suivez ces étapes.

Il y a quelque chose d'extrêmement puissant à consigner ses dépenses sur papier. Cela rend le flux d'argent dans votre vie plus tangible et plus précis. Il montre simplement et clairement où et pourquoi vous dépensez votre argent. Une fois que vous avez compris cela, il devient beaucoup plus simple de gérer vos finances.

Non seulement les personnes qui ont adopté cette pratique ont appris quelque chose sur elles-mêmes qu'elles ne savaient pas auparavant, mais elles sont souvent choquées. En analysant son journal, une personne peut découvrir qu'elle a dépensé environ 2 000 $ en boissons gazeuses, en collations et en bonbons pendant l'année !

Son salaire annuel n'étant que de 25 000 dollars, il a constaté que 8 % de son revenu était gaspillé dans des dépenses totalement inutiles. La personne a renoncé aux collations et aux boissons et a découvert qu'elle avait suffisamment d'argent pour s'offrir des vacances l'année suivante. Lequel choisiriez-vous si vous aviez le choix entre des collations et un voyage ?

L'idée est que leur journal des dépenses quotidien les a aidés à acquérir la perspective et la clarté nécessaires pour prendre le contrôle de leurs finances. Un journal des dépenses de base vous donnera le contrôle de vos dépenses et, par conséquent, de votre vie financière. Il n'y a peut-être rien d'autre entre vous et la liberté financière qu'un cahier à 75 cents et un stylo à bille.

2 : Arrêtez de vous endetter !

Nous sommes tous conscients des problèmes que l'Oncle Sam a causés en dépensant plus d'argent que le gouvernement n'en reçoit. C'est ce qu'on appelle les dépenses liées à la dette. Ne vous trompez pas. Les mêmes règles s'appliquent à vous comme à tout le monde. Ces viles cartes en plastique sont peut-être "l'American Way", mais elles font peur.

Aujourd'hui, l'emprunteur moyen par carte de crédit a une dette de 8 000 dollars !

Comme beaucoup d'entre vous le savent probablement, il est simple d'accumuler des dettes de carte de crédit. C'est psychologique. Donner une carte de crédit à un caissier diffère de donner à quelqu'un une pile de dollars verts. Remettriez-vous une poignée de billets de 10 dollars aussi facilement qu'une carte de crédit ? Très probablement pas !

Les cartes de crédit endettent les gens et les maintiennent dans cette situation. Même pour ceux qui ont des revenus suffisants, le remboursement des dettes de cartes de crédit est extraordinairement difficile. Ne vous y trompez pas : les dettes de carte de crédit épuiseront votre force financière aussi rapidement qu'une veine ouverte peut épuiser votre force vitale. L'utilisation d'une carte de crédit par choix peut rapidement devenir une nécessité. Une fois ce stade atteint, vous êtes déjà en difficulté.

Il n'existe pas de méthode secrète pour échapper au jeu des cartes de crédit. Aujourd'hui, vous devez prendre une paire de ciseaux, couper vos cartes de crédit en deux et commencer à les rembourser progressivement. Payez toujours plus que le montant minimum dû, même si ce n'est que 10 $ de plus.

Une fois que vous aurez cessé d'alourdir la dette, même les plus petits paiements s'accumuleront au fil du temps. Si vous êtes patient et discipliné, vous pouvez venir à bout de vos dettes. Une fois vos cartes annulées, vous devez adhérer à une politique rigoureuse de paiement au fur et à mesure. Au lieu d'acheter maintenant et de payer plus tard, vous devez économiser et attendre d'avoir la totalité des fonds nécessaires pour acheter.

L'arrêt des dépenses à crédit est l'une des techniques financières les plus efficaces dont chacun dispose aujourd'hui. Pourquoi ne pas accepter et utiliser cet outil ?

3 : Vendez vos affaires.

C'est vrai, et un grand vide-grenier s'impose depuis longtemps. Fouillez votre maison ou votre appartement à la recherche de tout objet que vous pourriez vendre dans un marché aux puces ou un vide-grenier et dont vous n'avez pas besoin.

Faites un inventaire. La vérité est que la plupart des gens sont stupéfaits par leurs possessions et les sommes d'argent qu'ils ont gaspillées pour des objets sans intérêt. Pourquoi les laisser prendre la poussière dans votre grenier alors qu'ils pourraient rapporter des intérêts sur un compte d'épargne ?

Une vente de garage est un merveilleux moyen de nettoyer votre maison et de donner un coup de pouce psychologique qui aide les gens à reprendre le contrôle de leur vie et de leurs finances. Vous pouvez être plus riche de 500, 1 000 ou même 3 000 dollars à la fin de la semaine. De plus, vous aurez le sentiment de repartir à zéro avec une maison propre.

4. Un compte d'épargne atténuera le stress dans votre vie.

Il y a longtemps, Benjamin Franklin a déclaré : "Un penny économisé est un penny gagné". Oui, cette phrase reste exacte et constitue l'une des stratégies les plus efficaces de l'histoire pour gagner de l'argent.

La célèbre remarque de Franklin fait allusion aux difficultés de l'épargne. Il n'est pas facile d'épargner et simple de dépenser ! Vous en êtes conscient ! C'est pourquoi chaque centime épargné est véritablement gagné, car conserver cet argent demande tant d'efforts ! Mais si vous y parvenez, cela transformera votre vie.

Imaginez être en avance sur vos factures au lieu d'être en retard. Lorsque vous êtes à jour dans le paiement de vos factures, vous prenez le contrôle de votre vie entière. Vous dormez mieux la nuit. Vous êtes plus à même d'élaborer de nouvelles stratégies pour gagner et conserver plus d'argent. Lorsque vous commencez à épargner, cela se répand comme une traînée de poudre.

Voici quelques conseils pour économiser de l'argent :

Ne vous limitez pas à la vérification des intérêts. Ayez un compte d'épargne plus difficile d'accès qu'un compte chèque.

Conservez votre épargne dans une banque qui ne se trouve pas sur votre trajet habituel ou peut-être même dans une autre ville. Ainsi, vous ne serez pas tenté de l'utiliser à chaque fois que vous vous rendez à la banque pour effectuer un dépôt.

Achetez des bons d'épargne à court terme dont l'échéance se situe entre six mois et un an. Ainsi, vous obtiendrez un taux d'intérêt plus élevé tout en conservant l'accès à vos fonds en cas de véritable crise.

Vous devriez ouvrir le compte sous deux noms et exiger les deux signatures de retrait si possible.

Deux personnes peuvent discuter de chaque retrait et se surveiller mutuellement.

Dès que vous recevez votre salaire, déposez au moins 5 % sur votre compte d'épargne. Vous serez agréablement surpris de voir combien vous avez économisé après seulement un an et vous vous sentirez bien dans votre peau.

5. Chaque jour, visualisez la richesse et l'abondance.

Est-ce que je vous recommande de suivre une sorte de mysticisme woo-woo pour devenir un "aimant à argent" ?

Peut-être que oui, peut-être que non ! Appelez cela un jeu de l'esprit, du mysticisme ou des absurdités du Nouvel Âge, mais la réalité est que derrière chaque homme et femme fortunés se cache une vision positive de l'argent. Voici une démonstration rapide :

(1) La personne A, qui a une mauvaise mentalité en matière d'argent, a les pensées quotidiennes suivantes : "Bon sang ! Il est difficile de

trouver 20 $. Je travaille si dur et je reçois si peu de compensation. L'argent me glisse entre les doigts comme de l'eau. La quantité d'argent qu'il faut gagner pour survivre dans le monde moderne est incroyable.

Avec mes maigres revenus, je ne pourrai jamais m'offrir une nouvelle voiture, mais ce travail reste la meilleure chose pour moi. Certaines personnes trouvent qu'il est facile de gagner beaucoup d'argent, mais je ne suis pas l'une d'entre elles " ad infinitum ".

(2) La personne B, qui a une attitude positive face à l'argent, a les pensées suivantes au quotidien : "Si je me tue à la tâche, je peux obtenir une augmentation le mois prochain, et je placerai cinquante pour cent des autres gains sur un compte d'épargne. Il doit y avoir une centaine de façons différentes de gagner de l'argent supplémentaire.

L'argent n'est pas très difficile à gagner si l'on travaille dur, que l'on contrôle ses dépenses et que l'on économise un peu. Ce pays a assez de richesses pour tout le monde, et je peux simplement obtenir ma part et plus "à l'infini".

D'accord. Selon vous, qui aura le plus de chances de réussir ?

La personne A s'abaisse avec ses idées, tandis que la personne B se donne une chance de se battre.

Considérez que le fait d'avoir des idées négatives ou positives n'entraîne aucune dépense. Par conséquent, pourquoi ne pas penser positivement ?

De nombreuses recherches ont été menées sur les processus cognitifs et les mentalités de certaines des personnes les plus riches et les plus prospères du monde. Elles partageaient toutes une vision favorable de l'argent et de leur capacité à le gagner.

6. Suivez votre passion, et l'argent viendra à vous.

Je crois qu'un livre portant ce titre existe. En tout cas, c'est vrai. De nombreuses personnes vivent d'un salaire à l'autre et sont pauvres malgré un travail acharné dans leur carrière parce qu'elles n'aiment pas leur métier.

Si vous n'aimez pas votre travail, vous aurez une vision négative de l'argent. Tous les matins, vous associerez l'argent au son affreux du réveil. Une fois que vous aurez associé votre source d'argent et de revenus à la corvée, la corvée dominera la majeure partie de votre vie.

Vous devriez commencer à organiser votre évasion immédiatement. La première question à se poser est la suivante : "Que ferais-je si l'argent n'était pas un problème ? Qu'est-ce que j'aime faire le plus pour le plaisir, et est-il possible d'être payé pour cela ?".

Cela vous semble-t-il ridicule ? Ce n'est pas le cas. Vous vous battez contre vous-même si votre travail n'est pas votre jeu. Vous finirez par vous épuiser et par mépriser le monde.

En revanche, si vous vous réveillez chaque jour en étant enthousiaste, optimiste et impatient de faire ce que vous allez faire - et d'y gagner de l'argent - vous progresserez naturellement vers la réalisation de ce que vous aimez et vers le fait de gagner plus d'argent.

Si la carrière que vous souhaitez vous oblige à créer votre entreprise, ne laissez pas cela vous décourager ! C'est beaucoup plus simple que ce que la plupart des gens croient. Cela pourrait changer profondément le cours de votre vie.

7. Vous devez vous organiser.

Être organisé et productif a un impact sur vos revenus plus que vous ne pourriez l'imaginer. Vous ne pouvez pas vous permettre d'être un flemmard si vous souhaitez être riche. Réfléchissez bien à la question. Supposons que vous êtes à votre bureau et que vous essayez de terminer un travail. Vous devez trouver l'agrafeuse, mais comme votre bureau est si désorganisé, il vous faut quinze minutes pour y parvenir.

Vous venez de passer 15 minutes improductives. Ensuite, vous devez localiser un dossier, ce qui nécessite 20 minutes de recherche sur papier. Vingt autres minutes à regarder la télévision et à chercher des articles peuvent facilement consommer deux à trois heures vers la fin de la journée. Il en va de même pour tous les types d'emploi.

Combien de temps les mécaniciens automobiles passent-ils à chercher une clé de neuf alors qu'ils pourraient l'avoir au bout des doigts ?

Les personnes désorganisées se lamentent continuellement à la fin de la journée : "J'ai travaillé si dur et j'ai fait si peu de choses !". Bien sûr ! Tu as passé une journée entière à chercher du scotch.

En réalité, le temps est égal à l'argent. Plus vous passez de temps à vous livrer à des activités improductives, moins vous en passez à gagner de l'argent. Désencombrez votre bureau. Organisez le hangar à matériel. Mettez de l'ordre dans vos papiers. Considérez chaque minute gagnée comme un dollar dans votre poche.

8. Créez chaque jour votre propre liste des dix premiers.

En ce qui concerne l'organisation, vous devriez vous asseoir chaque matin avec une tasse de café et dresser la liste des dix principales tâches que vous voulez accomplir ce jour-là. Ensuite, classez-les par ordre d'importance. Commencez par le point 1 et descendez aussi vite que possible dans la liste.

Il s'agit sans aucun doute d'une méthode efficace pour obtenir du travail. Elle vous permettra de gagner de vastes sommes d'argent. Gagner de l'argent est une question de mouvement, et plus particulièrement de mobilité vers l'avant. Selon la célèbre romancière Ayn Rand, la chose la plus importante qu'une personne puisse faire dans une société capitaliste est d'avancer quotidiennement !

Une liste de vos dix principales priorités vous permettra de faire quelque chose chaque jour. Vous ne pouvez pas compléter la liste complète chaque jour, et vous ne devez pas essayer de le faire. Faites simplement de votre mieux. Vous devriez être en mesure de regarder votre liste avec fierté, d'inspecter les éléments qui ont été rayés et de dire : "J'ai réussi !"

"Voilà ce que j'ai accompli aujourd'hui ! J'ai pris des mesures pour améliorer ma vie et créer de la richesse !"

Encore une fois, la plupart des personnes les plus riches et les plus prospères de l'histoire ont utilisé cette stratégie. Vous devriez rejoindre le club.

9. Vous devez établir des objectifs à court et à long terme.

Comment pouvez-vous espérer arriver quelque part si vous ne savez pas où vous allez ? C'est une logique élémentaire mais efficace. Lorsque vous avez une cible dans un avenir lointain qui représente votre objectif, elle peut presque fonctionner comme un aimant qui vous attire vers elle.

La fixation d'objectifs raisonnables mais ambitieux s'est avérée être l'une des stratégies les plus efficaces pour gagner des richesses et réussir. Elle a été établie dans des programmes de formation commerciale. Elle a été utilisée à maintes reprises avec succès par d'innombrables personnes.

Fixer des objectifs à court et à long terme a pour effet de focaliser votre attention. Elle vous propulse vers des choses plus grandes et meilleures. Il donne de la substance à ce que vous essayez de faire, rendant ce que vous voulez plus authentique et plus susceptible de se manifester dans votre vie.

Comme vous l'avez probablement entendu, il est préférable d'écrire vos objectifs à court et à long terme et de les placer dans votre bureau et votre maison. Chaque matin, vous devriez commencer par revoir votre liste d'objectifs et dresser une liste des dix tâches les plus importantes qui vous rapprocheront de vos objectifs. Chaque soir, avant de vous endormir, vous devriez évaluer vos objectifs à court et à long terme et vous engager à faire tout ce qui est en votre pouvoir pour les réaliser.

Investissez vos fonds et faites en sorte qu'ils se développent d'eux-mêmes.

Comme indiqué précédemment, il est essentiel de conserver de l'argent sur un compte d'épargne, mais les taux d'intérêt de 2,3 % offerts par la plupart des banques sont insuffisants pour suivre l'inflation.

Vous devez faire plus qu'épargner votre argent - vous devez l'investir. Cela inclut les instruments financiers offrant des taux de rendement extrêmement élevés, tels que les fonds communs de placement, les actions et les marchés de matières premières, plus risqués.

Un investissement de 5 000 dollars dans les matières premières peut rapporter 50 000 dollars ou 10 fois l'investissement initial en quelques semaines seulement. Cependant, il est également possible de perdre la totalité de l'investissement. Investissez votre argent dans un certificat à longue échéance (CD). Ils sont sûrs à 100 % et offrent un rendement nettement supérieur à celui des comptes d'épargne classiques. En général, vous pouvez en obtenir un avec un taux d'intérêt de 4,5 à 5 %.

En conclusion, vous devriez allouer un pourcentage de vos fonds à des plans d'investissement à haut rendement ou à haut risque. C'est ainsi que vous progresserez véritablement. 11e conseil financier exceptionnel Amusez-vous ! Ce conseil figure sur ma liste car il est essentiel à votre réussite.

Vous devez vous amuser pour être optimiste et rester optimiste à l'idée de gagner de l'argent. Alors, dépêchez-vous ! Sortie : riez, tapez dans vos mains et vivez ! Amusez-vous tout en gagnant de l'argent ! Le monde attend votre arrivée ! Appréciez tout ce que vous faites, et vous aurez du succès."

J'espère que vous avez découvert de nombreuses nouvelles façons d'économiser votre argent durement gagné et de profiter davantage de la vie. N'oubliez pas que rien de ce qui est présenté dans cette série de quatre articles n'est impossible. Si vous faites bon usage de ces informations, vous êtes assuré d'en tirer profit et de créer de la richesse.

PARTIE 2 - INVESTIR.

QU'EST-CE QU'UN INVESTISSEMENT ?

L'incompréhension des règles qui régissent le jeu de l'investissement contribue à l'échec de nombreuses personnes, dont certaines réalisent des performances effrayantes. Il va de soi que vous ne pouvez pas gagner un jeu en enfreignant ses règles. Cependant, vous devez comprendre les règles avant de pouvoir éviter de les enfreindre.

Une autre raison pour laquelle les investisseurs échouent est qu'ils participent au jeu sans en comprendre les règles. Il est essentiel de décrypter le sens du mot "investissement".

Qu'est-ce qu'un investissement ?

Un investissement est un actif qui produit des revenus. Vous devez observer attentivement chaque mot de la définition, car ils sont essentiels pour comprendre la véritable signification de l'investissement.

Selon la définition, un investissement présente deux caractéristiques essentielles. Avant qu'une possession, un article ou un bien puisse être considéré comme un investissement, il doit satisfaire à ces deux critères. Dans le cas contraire, il ne sera pas considéré comme un investissement.

La première caractéristique d'un investissement est qu'il est valorisé, c'est-à-dire qu'il s'agit de quelque chose d'important ou de bénéfique.

Par conséquent, toute possession, tout bien ou toute propriété sans valeur n'est pas un investissement et ne peut en être un. Selon cette définition, un objet, une possession ou un bien sans valeur, inutile ou mineur n'est pas un investissement. Chaque investissement a une valeur monétaire qui peut être quantifiée. Autrement dit, chaque investissement a une valeur monétaire.

La deuxième caractéristique d'un investissement est qu'il doit générer des revenus et avoir de la valeur.

Tout investissement a la capacité, le devoir, la responsabilité et le rôle de générer de la richesse. Cela signifie qu'il doit être en mesure de générer des revenus pour le propriétaire ou, au moins, de contribuer à générer des revenus. Il s'agit d'une caractéristique immuable d'un investissement.

Quelle que soit sa valeur ou son inestimabilité, une possession, un objet ou un bien qui ne peut pas créer de revenus pour son propriétaire ou du moins l'aider à en créer n'est pas et ne peut pas être un investissement. De plus, tout article qui ne peut pas remplir ces fonctions financières n'est pas un investissement, quel que soit son prix ou son coût.

Vous devriez également considérer une troisième caractéristique d'investissement fortement liée à la deuxième caractéristique discutée ci-dessus. Cela vous aidera également à déterminer si un actif est un investissement.

La troisième caractéristique d'un investissement est qu'un investissement qui ne crée pas de revenus ou ne contribue pas à la génération de revenus permet d'économiser de l'argent.

Un tel investissement évite au propriétaire d'encourir certaines dépenses qu'il aurait faites en son absence, mais il peut ne pas être en mesure de générer des bénéfices pour l'investisseur. De cette manière, l'investissement crée de l'argent pour le propriétaire, mais pas à proprement parler. En d'autres termes, l'investissement génère de l'argent pour le propriétaire/investisseur.

Pour qu'un bien immobilier puisse être considéré comme un investissement, il doit être en mesure de créer des revenus ou d'économiser de l'argent pour le propriétaire, en plus d'être d'une grande utilité et importance. Il est essentiel de souligner la deuxième caractéristique d'un investissement (c'est-à-dire qu'un investissement doit être générateur de revenus). Cette affirmation repose sur la prémisse que la plupart des individus n'évaluent que le premier facteur lorsqu'ils déterminent ce qui constitue un investissement.

Ils considèrent l'investissement comme une simple valeur, même si cette valeur consomme des revenus. Généralement, un tel malentendu a de graves ramifications financières à long terme. Ces personnes commettent souvent des erreurs financières coûteuses qui leur coûtent des fortunes tout au long de leur vie.

L'une des raisons de ce malentendu est peut-être qu'il est toléré dans les milieux intellectuels. Dans les établissements d'enseignement conventionnels et les publications universitaires, les investissements, souvent appelés actifs, se rapportent à des biens ou à des propriétés dans le cadre d'études financières.

Par conséquent, les entreprises considèrent tous leurs bijoux et possessions comme des actifs, même s'ils ne génèrent pas d'argent. Cette conception de l'investissement est inacceptable pour les personnes financièrement compétentes, car elle est inexacte, trompeuse et mensongère.

Par conséquent, certaines entreprises croient à tort que leur passif est leur actif. De même, pour cette raison, certains particuliers perçoivent leurs passifs comme étant leurs actifs/investissements.

Malheureusement, de nombreuses personnes, notamment les analphabètes financiers, perçoivent les actifs non rentables qui mangent leur salaire comme des investissements. Ces personnes incluent leurs actifs générateurs de revenus dans la liste de leurs investissements. Ces personnes sont analphabètes sur le plan financier. C'est la raison pour laquelle ils n'ont pas d'avenir financier.

Ce que les personnes financièrement informées perçoivent comme des actifs consommant des revenus, les analphabètes financiers le considèrent comme des investissements. Cela démontre l'écart de perception, de logique et de mentalité entre les personnes financièrement informées et celles qui ne le sont pas. Les personnes financièrement intelligentes ont un avenir financier, mais les personnes financièrement illettrées n'en ont pas.

D'après ce qui précède, la première question que vous devez vous poser lorsque vous investissez est la suivante : "Quelle est la valeur de l'actif que vous souhaitez acheter avec votre argent ?" Plus l'investissement est de qualité, toutes choses égales par ailleurs, plus sa valeur est grande (mais plus le coût d'acquisition sera probablement élevé). La deuxième considération est la suivante : "Combien de revenus peut-il générer pour vous ?"

Si une chose a de la valeur mais ne génère pas de revenus, alors elle n'est pas (et ne peut pas être) un investissement et ne peut pas fournir d'argent si elle n'a pas de valeur. Si vous ne pouvez pas répondre positivement à ces deux questions, alors ce que vous faites et obtenez ne peut pas être considéré comme un investissement. Au mieux, vous pouvez acquérir un passif.

Les particuliers peuvent épargner en vue de leur retraite, des études supérieures de leurs enfants ou d'autres objectifs financiers en investissant leur argent. Avant d'effectuer leur premier investissement, les investisseurs débutants doivent prendre le temps de définir leurs objectifs et d'apprendre certains concepts fondamentaux de l'investissement. Un investissement réussi exige des recherches approfondies, du dévouement et de la persévérance.

À mesure que les investisseurs débutants génèrent des revenus par le biais d'investissements, ils acquièrent un certain niveau d'expertise. Cependant, même les investisseurs les plus expérimentés et les plus compétents sont confrontés à certains dangers. Les investisseurs débutants auront plus de succès s'ils peuvent répondre à certaines questions fondamentales en matière d'investissement.

De quel capital ai-je besoin pour investir ?

Une idée fausse très répandue chez les investisseurs débutants est qu'ils doivent disposer d'un capital important pour investir. De nombreux investissements peuvent être réalisés avec seulement quelques centaines, voire quelques milliers de dollars.

L'utilisation de systèmes de réinvestissement des dividendes ou d'options d'achat direct d'actions est une façon de commencer à investir à petite échelle. Les investisseurs peuvent être en mesure d'investir dans les options d'achat d'actions d'une entreprise en payant des frais de démarrage modestes, généralement entre 25 et 50 dollars, et en effectuant un placement initial. Une fois l'argent accumulé, l'investisseur peut le transférer sur un compte de courtage où il pourra investir en plus grande quantité.

QUELLES SONT LES DIFFÉRENTES FORMES D'INVESTISSEMENT ?

Une fois que les investisseurs ont conclu qu'ils disposent de fonds suffisants pour un investissement, l'étape la plus difficile est souvent de déterminer où investir. De nombreuses possibilités d'investissement s'offrent aux investisseurs ; les fonds communs de placement, les obligations, les contrats à terme et l'immobilier sont parmi les plus courants.

Les fonds communs de placement permettent à quiconque d'investir sans avoir à "s'occuper lui-même des placements". Les investisseurs en fonds communs de placement travaillent avec un gestionnaire de portefeuille professionnel. Ce gestionnaire investit sur le marché l'argent mis en commun par de nombreux investisseurs différents.

Les fonds peuvent être investis dans des fonds fermés ou ouverts. Les fonds fermés distribuent et vendent un nombre fixe d'actions au public, tandis que les fonds ouverts n'ont pas de nombre fixe d'actions.

Le trader réinvestit les fonds de l'investisseur dans de nouvelles actions. Les actions sont gérées par un gestionnaire de fonds professionnel formé pour choisir les investissements qui offrent à l'investisseur les meilleurs rendements.

Les fonds négociés en bourse (FNB) sont des regroupements de capitaux d'investisseurs investis de façon similaire aux fonds communs de placement. Cependant, comme les ETF sont censés suivre des indices spécifiques et qu'une grande partie de leur administration est automatisée, leurs frais de gestion et leurs commissions sont généralement beaucoup moins élevés.

Lorsque les investisseurs achètent des obligations, ils acquièrent une participation dans une entreprise ou une société. Les sociétés émettent des obligations, qui sont des prêts aux investisseurs. En échange, l'entreprise s'engage à rembourser l'investisseur à des périodes régulières avec des intérêts.

Les obligations peuvent constituer une option d'investissement relativement solide. À moins que l'entreprise ne déclare faillite, il est très probable que l'investisseur récupère au moins un montant minimal de son investissement.

Ces paiements d'intérêts à intervalles réguliers peuvent constituer une source de revenus continue pour les couples de retraités et les personnes qui cherchent à développer une forme d'investissement aux rendements réguliers. Certains types d'obligations peuvent fournir des revenus d'intérêts exonérés d'impôts.

L'immobilier - Lorsque le moment est propice, il peut s'agir d'un investissement rentable mais qui implique beaucoup de travail. Investir dans une (REIT) ou société d'investissement immobilier est un moyen simple pour les investisseurs d'entrer dans le secteur de l'immobilier.

Les investisseurs deviennent copropriétaires des investissements de la FPI, tels que des centres commerciaux, des parkings, des hôtels et d'autres projets immobiliers. Comme les FPI ne paient pas d'impôt fédéral sur le revenu en échange de la distribution de 90 % ou plus de leurs bénéfices sous forme de dividendes aux actionnaires, elles versent souvent d'importants dividendes en espèces.

Acheter des maisons, les rénover en les réparant ou en y ajoutant des équipements et les revendre à profit, ou louer les maisons à des locataires et obtenir un revenu mensuel grâce au paiement des loyers sont d'autres moyens de générer des revenus par l'investissement immobilier.

Futures - Le commerce des futures est le marché sur lequel les acheteurs achètent et vendent des contrats à terme dans le monde entier. Les contrats à terme sont des accords pour recevoir un produit à un prix déterminé à une date future.

Une fois que le prix est convenu, il est bloqué pour l'année suivante, quelles que soient les fluctuations du marché. Les produits de base, les devises, les indices boursiers, les taux d'intérêt et les investissements alternatifs tels que les indicateurs économiques sont des marchés à terme typiques. Les avantages et les risques de ce type d'investissement peuvent être considérables. Par conséquent, seuls les investisseurs les plus expérimentés devraient négocier des contrats à terme.

Dois-je diversifier mes placements ou en conserver un seul ?

Selon la grande majorité des consultants financiers experts, la diversification est la pierre angulaire d'un portefeuille d'investissement réussi. En diversifiant leurs investissements, ils réduisent le risque de perdre tous leurs actifs si un investissement particulier échoue.

S'il peut être tentant d'investir immédiatement de grandes quantités d'argent, les investisseurs novices doivent mettre en balance le rendement possible et les risques auxquels ils s'exposent sur le marché des investissements.

Recourir aux services d'un conseiller en investissement qualifié.

Un conseiller en investissement est un planificateur financier qui peut occasionnellement aider à résoudre tous les problèmes financiers. Un conseiller en placement professionnel peut offrir aux investisseurs novices les informations fondamentales nécessaires à la création d'un portefeuille. Certains conseillers en placement sont rémunérés sur la base d'une proportion de la valeur des actifs gérés, tandis que d'autres facturent un tarif horaire ou sont rémunérés sur la base d'une commission.

Le moyen le plus simple pour les investisseurs d'éviter ces coûts est de faire des recherches et de commencer par des fonds communs de placement ou des ETF fournis par des entreprises dignes de confiance.

COMMENT DEVENIR RICHE EN TANT QU'INVESTISSEUR.

L'investissement se définit comme le fait de consacrer de l'argent, du temps et des efforts à une entreprise ou à un autre projet dans l'espoir d'un retour sur investissement. Il peut s'agir de biens immobiliers, de fonds communs de placement, d'actions et de devises étrangères, entre autres. Quel que soit le type d'investissement, il existe des lignes directrices et des instructions pour atteindre la réussite qui, lorsqu'elles sont suivies, donnent lieu à des niveaux de réussite bien plus élevés.

Avant de s'engager dans tout type d'investissement, quelle que soit sa situation financière, il est essentiel de se familiariser avec les règles et les directives, étant donné le niveau de risque élevé associé à la plupart des investissements, afin d'éviter de devenir un objet de pitié à la suite d'une erreur due au non-respect des règles.

La SEC (Securities and Exchange Commission) des États-Unis définit un individu comme un investisseur moyen s'il dispose d'un revenu annuel de 200 000 dollars ou plus, de 300 000 dollars ou plus pour un couple, ou d'une valeur nette d'un million de dollars ou plus.

Cette réglementation de la SEC est destinée à protéger l'investisseur moyen de certains des investissements les plus mauvais et les plus risqués du monde. Ces exigences relatives aux investisseurs protègent également l'investisseur moyen de certains des meilleurs investissements du monde, ce qui est l'une des principales raisons pour lesquelles il faut être juste au-dessus de l'investisseur ordinaire.

Comme des millions d'investisseurs en herbe se situent en dessous de l'investisseur moyen, il serait injuste et déprimant de se référer continuellement aux investisseurs moyens et riches sans mentionner les investisseurs pauvres chaque fois que l'on aborde les questions d'investissement. Après tout, tous deux sont partis de rien.

Une transformation progressive qui les a transformés en ce qu'ils sont maintenant. Dès qu'il y a de la vie, il y a de l'espoir pour le commun des mortels et une abondance de perspectives d'investissement dans l'avenir.

Par conséquent, commencer un investissement avec un petit montant de capital accessible est fortement suggéré pour l'investisseur pauvre, qui atteindrait ses objectifs avec prudence, un minimum d'effort, de temps, d'espoir, de foi et de patience.

La mentalité d'une personne est un aspect essentiel de l'investissement. Il s'agit de la capacité mentale à gérer les tâches difficiles liées aux investissements. Rien de ce qui vaut la peine n'est facile dans la vie ! Avant de partir en voyage pour investir, il faut se poser certaines questions essentielles. Ces questions sont les suivantes :

- Suis-je vraiment déterminé à lancer un investissement ?

- Quel type d'investissement est approprié pour moi ?

- De combien de fonds ai-je besoin pour initier un investissement ?

- Dois-je investir seul ou à plusieurs ?

- Quelle est ma tolérance au risque ?

Lorsqu'une personne répond correctement à ces questions et souhaite toujours investir son argent, elle est qualifiée pour le niveau suivant de réussite en matière d'investissement.

Le type d'investissement qui convient le mieux à un individu dépend entièrement des types d'investissements déjà disponibles - immobilier, fonds communs de placement, actions, devises étrangères, etc. - de la quantité de capital dont il dispose et de son intérêt particulier pour certains types d'investissement. Toutes ces informations le guident pour déterminer le type d'investissement qui lui convient le mieux.

Le capital ne doit pas être une préoccupation majeure. L'individualité et la nature de l'investissement déterminent le capital nécessaire pour lancer une entreprise. Il existe des investissements, des actions, dans lesquels on peut investir avec aussi peu que quelques centimes. Par conséquent, l'argent n'a presque aucune signification lorsqu'on parle de penny stocks et ne devrait jamais dissuader les individus d'investir leur argent.

Investir seul ou à plusieurs est une décision totalement personnelle. Chaque investissement est unique. En tant que novice, il est fortement recommandé d'investir ensemble. Compte tenu des dangers inhérents aux investissements, qui seront toujours répartis, comme pour les bénéfices, entre les investisseurs au prorata du montant investi par chacun, est un point de départ idéal. Toutefois, investir seul est également avantageux.

L'avantage est encore plus grand si l'on peut tolérer les dangers des investissements en solo. Les bénéfices d'un investissement solo ne seront jamais partagés avec quiconque autre que l'investisseur unique, qui les conservera tous. La décision est donc laissée à l'appréciation de chacun, en tenant compte de l'adéquation et de la commodité.

Même si un niveau de risque substantiel est inhérent à la plupart des investissements, plus le montant des dépenses en capital est élevé, plus les risques potentiels sont importants. Selon la stratégie d'investissement adoptée, plus le capital dépensé est important, plus le rendement potentiel de l'investissement est élevé. C'est une question de proportion. La possibilité de devenir un investisseur riche, moyen ou pauvre est à la porte de chacun.

Il s'agit de l'étape finale qui mène à un ajustement plus important de la situation financière d'une personne en fonction de sa tolérance au risque. En faisant preuve d'audace et en respectant rigoureusement les règles et les directives énoncées dans cette section, le succès en tant qu'investisseur est certain.

COMMENT COMMENCER À INVESTIR DÈS AUJOURD'HUI AVEC L'ARGENT QUE VOUS DÉPENSEZ ACTUELLEMENT.

De nombreuses personnes entrent sur le marché du travail après avoir obtenu leur diplôme et se lancent tête baissée dans l'âge adulte. Le revenu tiré d'un emploi est immédiatement dépensé pour les dettes, la nourriture et les divertissements - tous les éléments essentiels et luxueux de la vie.

C'est ce que l'on appelle communément la "course du rat". Chaque mois est identique : des revenus sont perçus et dépensés. Une fois piégé, il est extrêmement difficile de s'échapper, mais pas impossible.

Or, la somme d'argent que vous gagnez au travail dépend de votre capacité à accomplir une tâche ou une fonction et du temps que vous y consacrez. Essentiellement, il s'agit d'un échange de temps contre de l'argent grâce à un talent enseigné, mais cela ne peut pas continuer éternellement, n'est-ce pas ? Que se passe-t-il lorsque vous devenez trop âgé pour accomplir ces exigences professionnelles ?

Malheureusement, elle dure très longtemps pour certaines personnes. Lorsque les personnes qui n'investissent pas dans des articles générant des revenus, qu'elles travaillent ou non, ne peuvent plus travailler, elles conservent leur niveau de vie actuel.

Jusqu'à ce que la plupart des gens obtiennent un emploi de carrière avec des avantages décents (y compris un 401k), ils investissent rarement leur argent. L'argent est créé et dépensé aussi rapidement qu'il est gagné, fournissant à une personne l'essentiel et le confort de la vie à ce moment-là - et plus encore - mais pas grand-chose pour un avenir heureux après la cessation des revenus de l'emploi.

À un moment ou à un autre de sa vie, chacun doit se rendre compte que le travail ne lui apportera pas tout ce qu'il désire ou ce dont il a besoin, surtout après la retraite. L'investissement est une chose qui s'apprend idéalement tôt dans la vie.

Pour comprendre l'importance de l'investissement, il faut d'abord comprendre ce qu'est l'investissement. Un investissement est un moyen ponctuel de générer un revenu. Ce travail peut parfois être intensif et prendre du temps, mais il peut donner des revenus pendant de nombreuses années sans exiger le même effort ou le même temps.

Si vous effectuez des recherches approfondies pour acheter une maison à des fins d'investissement, vous n'aurez besoin de mener cette étude qu'une seule fois. Une fois que vous aurez acheté un investissement, il générera des bénéfices avec un minimum d'efforts.

Si vous écrivez un livre et le mettez en vente sur un site web, vous ne devez l'écrire qu'une seule fois, et il continuera à générer des revenus tant qu'il sera disponible sur Internet ou en librairie. Si vous examinez les actions d'une société et sélectionnez l'action idéale, investissez-la ; votre argent commencera à travailler et à rapporter sans que vous ayez à intervenir.

Il s'agit simplement d'exemples d'investissements simples qui nécessitent un certain effort. Si vous savez ce que vous faites, gagner de l'argent avec des investissements est bien plus simple que de gagner de l'argent avec un emploi. La distinction entre un investissement et un emploi réside dans le temps et les efforts nécessaires pour générer un revenu.

Ce qu'il y a de bien avec l'investissement en bourse (que ce soit par le biais de l'achat et de la vente classiques, de l'investissement dans le cadre d'un plan 401(k) ou d'options), c'est qu'une fois que vous avez appris les ficelles du métier, vous pouvez continuer à les utiliser, en laissant votre argent faire le gros du travail pendant que vous profitez de votre vie.

Il existe un obstacle MASSIF que chacun doit surmonter avant d'investir. Où trouver de l'argent pour investir dans votre entreprise ? Lorsqu'on vit dans une "rat race", on finit par être prisonnier d'un cercle impossible dont il est extrêmement difficile de sortir.

Ne vous inquiétez pas ! Vous avez de l'argent ; vous ne le réalisez simplement pas encore.

Quel que soit le type d'investissement que vous envisagez, il existe des moyens de commencer à accumuler de "l'argent" en apportant quelques modifications à votre mode de vie. Il commencera à se transformer lentement mais sûrement en quelque chose que vous ne croirez pas être concevable.

Un compte d'épargne "Round Up" est une approche relativement rapide pour accumuler des fonds d'investissement. Ce compte vous permet d'épargner et d'accumuler des fonds en fonction de vos dépenses quotidiennes.

Vous reliez vos comptes chèques de dépenses ou vos cartes de crédit à votre compte Round Up, et à chaque transaction, ce compte arrondit au dollar près. Pas beaucoup d'efforts, n'est-ce pas ? Ce compte d'investissement s'occupe du reste. Il place la différence dans une plateforme d'investissement qui accélère la croissance de vos fonds.

Par exemple, si vous avez payé 20,57 $ pour un article, le total est arrondi à 21 $. Le montant arrondi, soit 0,43 $, est déposé sur votre compte et réparti entre plusieurs actions en fonction des paramètres de votre compte.

Si vous effectuez 50 achats sur votre compte chèque par mois et que vous arrondissez chaque transaction de 0,35 $ en moyenne, vous économiserez 17,50 $ ce mois-là. Cela représente une économie de 210,00 $ par an en arrondissant les achats.

La valeur des fonds investis dans ce compte arrondi fluctue en fonction du marché boursier. À raison d'une augmentation de 5 % par an, elle augmentera de 10,50 $. De plus, certaines actions dans lesquelles vos fonds sont investis génèrent des dividendes automatiquement réinvestis dans votre compte.

Cela peut sembler peu aujourd'hui, mais cela continuera de croître avec le temps. Il s'agit d'un investissement qui peut augmenter assez rapidement si vous l'alimentez continuellement. Si vous disposez de fonds supplémentaires que vous souhaitez épargner chaque mois, vous pouvez effectuer d'autres dépôts sur votre compte pour le faire fructifier encore plus rapidement.

Un compte d'épargne Round Up n'est qu'un tremplin vers un niveau d'investissement plus élevé, tel que le trading d'actions, le trading d'options, un compte d'investissement de retraite, l'immobilier ou tout ce que vous pouvez investir pour gagner plus d'argent.

Une fois que vous avez accumulé un capital d'investissement suffisant sur votre compte Round Up, vous pouvez le retirer à tout moment et l'utiliser pour acheter des actifs (des choses qui vous rapportent de l'argent, par opposition à des dettes) ou pour investir dans des actions afin de gagner encore plus d'argent au fil du temps.

PARTIE 3 - SANS DETTE.

La prochaine étape essentielle dans votre mentalité pour créer de la richesse est de vous considérer comme libre de toute dette. Puisque vous ne pouvez pas créer de la richesse si vos fonds sont engloutis par des dettes, les dépenses pourraient être l'une des principales raisons du stress et du malheur dans votre vie, surtout si votre dette continue d'augmenter et que vos paiements ne semblent jamais se terminer.

Bien que le crédit procure la joie instantanée dont nous avons tous besoin, il vous prive de la possibilité de construire une richesse véritable et durable, et une fois que vous vous autorisez à vous endetter, il est généralement difficile d'y échapper. Il est facile de se noyer dans les taux d'intérêt et les frais de service des cartes de crédit, sans parler des autres prêts à la consommation !

Mais quel que soit le montant de vos dettes, il y a encore de l'espoir. Vous devez donc donner la priorité au désendettement le plus rapidement possible et évaluer chaque offre de crédit de manière critique. Une autre étape importante consiste à déterminer le coût mensuel de votre dette. Ainsi, vous saurez combien votre dette vous coûte mensuellement en intérêts et en frais. Vous serez étonné de voir à quel point cette petite activité est éclairante.

Si vous n'aviez pas de dettes, vous pourriez utiliser ces fonds pour générer de la richesse au fil du temps.

Il est donc impératif que vous éliminiez vos dettes aussi rapidement que possible, et l'un des moyens les plus efficaces est de mettre en œuvre un plan de réduction des dettes que vous vous engagez à appliquer avec chaque chèque de paie que vous recevez.

Il serait également utile que vous ayez quelqu'un à qui vous puissiez rendre compte de vos activités et de votre stratégie de réduction des dettes, par exemple un ami de confiance qui partage votre objectif de ne plus avoir de dettes ou un coach financier.

Et si vous avez des enfants, veillez à ce qu'ils soient conscients de vos actions afin que vous puissiez leur servir de modèle. En général, les enfants imitent leurs parents. Ce serait donc le moment idéal pour les sensibiliser à l'effet néfaste de l'endettement sur la constitution d'un patrimoine. En outre, le manuel Prendre le contrôle de son argent est une ressource précieuse.

Il ne fait aucun doute que dépenser de l'argent procure de l'excitation et un sentiment d'euphorie. Cependant, vous ne devez jamais oublier que chaque dollar dépensé a le potentiel de compromettre votre avenir financier et la constitution de votre patrimoine, au lieu de l'accroître.

Par conséquent, vous devez chercher à maximiser le rendement de chaque dollar dépensé. Car si vous vous occupez de vos dollars, les dizaines et les vingtaines s'occuperont d'elles-mêmes. Quand on y pense, rien n'est plus préjudiciable à votre vie financière que la dette. La dette vous prive aujourd'hui de votre argent durement gagné et de la richesse que vous pourrez accumuler demain.

Malheureusement, vous n'êtes pas seul à penser qu'il est difficile de vivre sans dette. Nous vivons dans une société où l'endettement est attendu et considéré comme inévitable, mais avez-vous déjà imaginé ce que serait la vie sans dette ?

Pouvoir aller à la poste à la fin du mois sans craindre les dettes qui vous attendent ! Ou pouvoir répondre au téléphone sans se préoccuper de qui est à l'autre bout du fil.

Alors que d'autres peuvent croire que la vie sans dette est un mythe et qu'il est acceptable d'être stressé financièrement, ne serait-il pas étonnant que cela ne soit pas votre norme ? Comme les lépreux dans 2 Rois 7, vous pouvez maintenant décider que vous ne continuerez pas à accepter le statu quo actuel et que vous ferez quelque chose de radical : devenir libre de dettes.

Vous ressentirez des changements dans tous les domaines de votre vie à la suite de ce seul changement :

- Sans dette de consommation, la vie est nettement plus facile d'un point de vue financier.
- Vous vous sentirez émotionnellement soulagé car un très grand fardeau a été enlevé de vos épaules.
- Physiquement, il est plus sain de ne pas avoir de dettes, car la tension mentale se traduit souvent par des troubles physiques.
- Suivre le plan de Dieu pour votre vie sera plus facile sans dette de consommation.
- Sans dette de consommation, vous aurez une énorme flexibilité.

Avez-vous déjà réfléchi à la définition du mot "consommer" ? Il signifie "consommer complètement" ou "démolir". La dette de consommation est toute dette contractée pour des produits dont la valeur se dégrade avec le temps, comme les cartes de crédit, les meubles, les voyages, les vêtements et les automobiles.

Bien que votre hypothèque ne figure peut-être pas dans la liste maintenant, vous pouvez éliminer cette dette une fois que vous n'aurez plus à effectuer ces autres paiements.

Mais continuez à être un consommateur. Vous ne pourrez jamais atteindre l'indépendance financière, car "vivre sans dettes" est l'une des étapes les plus essentielles vers une gestion prudente de l'argent et le chemin le plus rapide vers l'accumulation de richesse.

La bonne nouvelle est qu'il est possible d'éliminer cette dette ! Et une fois que vous êtes libéré de vos dettes, il est possible de le rester pour le reste de votre vie. Toutefois, le temps et le travail nécessaires dépendent du montant de votre dette.

Comme pour le désaccoutumance, le désendettement nécessite certains ajustements comportementaux et cognitifs. C'est essentiel, car il n'est que trop fréquent que les personnes qui trouvent un moyen de se débarrasser rapidement de leurs dettes finissent par s'endetter à nouveau, car si leur situation financière a changé, leurs valeurs sont restées les mêmes. N'oubliez pas que cela prendra du temps et que des révisions seront nécessaires.

Puisque vous envisagez un changement, pourquoi souhaitez-vous éliminer vos dettes ? Quelle est votre motivation ? Soyez toujours conscient de la raison pour laquelle vous opérez un changement, car cela vous servira d'inspiration dans les moments difficiles.

Une fois que vous n'aurez plus de dettes, quels objectifs financiers aimeriez-vous atteindre ?

Disposez-vous de fonds suffisants pour avoir l'esprit tranquille ? (De l'argent pour faire face aux imprévus de la vie, comme la maladie, les problèmes de voiture et l'entretien de la maison.

Préféreriez-vous épargner pour une voiture ou un acompte pour un logement ?

Quel effort religieux ou à but non lucratif souhaitez-vous soutenir ?

Gardez ces motifs et ces objectifs à l'esprit, car le fait de vous souvenir de vos objectifs vous aidera à rester sur la bonne voie.

Enfin, réalisez-vous comment vous vous endettez ?

La réponse à cette question est essentielle car elle vous permet de comprendre la cause de votre endettement. Comme c'est généralement le cas, le divorce, la faillite d'une entreprise ou le fait de vivre au-dessus de mes moyens sont les causes de mon endettement. Le chômage, les problèmes médicaux, etc. peuvent être à l'origine de votre endettement.

Maintenant que vous avez compris comment vous vous êtes endetté, vous devez choisir pourquoi vous voulez vous en sortir et ce que vous ferez une fois que vous l'aurez fait. Voici neuf stratégies pour vous émanciper définitivement des dettes de consommation.

Prenez un engagement.

Mettez votre engagement par écrit. Il y a quelque chose de très puissant dans le fait de faire une promesse. Une fois que vous avez fait une promesse, vous devez la mettre par écrit, la signer et la dater. Ensuite, allez plus loin en la partageant avec un ami ou un proche en qui vous avez confiance et demandez-lui de vous aider à rester responsable de votre objectif de désendettement.

Déterminez où vous vous trouvez actuellement.

Vous devez comprendre clairement où vous en êtes et combien vous devez pour atteindre votre destination. Indiquez le montant total dû, le paiement mensuel minimum et le taux d'intérêt de chaque créancier.

Établissez des priorités.

Classez vos dettes par ordre de priorité en attribuant un 1 au solde le plus faible, un 2 au suivant, et ainsi de suite. Pour des prêts dont les montants sont comparables, il faut donner la priorité au taux d'intérêt le plus élevé.

Établissez un plan de dépenses.

La clé de l'élimination des dettes est d'effectuer des paiements supérieurs au minimum requis. Votre plan de dépenses et vos capacités de gestion de l'argent vous aideront à trouver des fonds supplémentaires à appliquer à votre dette.

Faites-le, tout simplement.

Arrêtez de parler et commencez à agir. N'oubliez pas que la connaissance n'est pas le pouvoir ; seule l'application de l'information crée le pouvoir ! Remboursez d'abord le solde du prêt le plus faible. Une fois ce prêt remboursé, reportez le montant total du paiement sur la facture suivante, puis sur la suivante, jusqu'à ce que vous n'ayez plus de dettes.

Continuez.

Vous rencontrerez des obstacles, mais vous ne devez pas les laisser vous arrêter. Concentrez-vous sur votre objectif et continuez à aller de l'avant.

Économisez de l'argent.

Avant de commencer, ayez sur votre compte de tranquillité d'esprit au moins un mois de dépenses courantes.

Soyez un bon gestionnaire.

Dieu établira votre plan si vous respectez votre engagement envers votre église locale.

Plus vite vous prendrez des mesures radicales et vous vous libèrerez de vos dettes le plus rapidement possible, plus vous aurez de temps pour mener une vie prospère et agréable !

COMMENT COMPRENDRE LA PSYCHOLOGIE DE L'ENDETTEMENT ET SE DÉSENDETTER.

Toute création de richesse et toute réussite dans la vie nécessitent une stratégie, qu'il s'agisse d'une stratégie d'investissement, d'une stratégie fiscale, d'une stratégie financière, d'une stratégie de prêt, d'une stratégie de diversification ou d'une stratégie de revenu, entre autres. Cela implique bien sûr une stratégie de désendettement.

Il existe plusieurs façons d'aborder cette question dans le cadre d'un plan de réduction de la dette ; abordons-en quelques-unes.

Comment commencer, et quoi faire.

Quelques tâches essentielles doivent être effectuées pour chaque prêt devant être remboursé.

1. Trouvez d'autres flux financiers pour payer plus que la somme minimale sur une dette. Prenez le temps d'évaluer votre situation financière et de déterminer où et comment votre argent circule.

2. Appelez vos compagnies d'électricité, d'assurance, de communication et de crédit et négociez un meilleur

prix avec chacune d'entre elles. Vous seriez étonné de voir combien de fois une meilleure offre peut être obtenue simplement en demandant ! Une meilleure offre peut prendre la forme d'un taux d'intérêt moins élevé, d'une période de paiement plus longue, d'une méthode de paiement différente ou de toute autre chose. Déterminez ce dont vous auriez idéalement besoin pour rembourser votre dette, notez-le et demandez-le.

3. Établir un ordre de remboursement de la dette - je développerai ce point ci-dessous.

Votre classement en matière de remboursement des dettes.

Occupez-vous de l'immédiat.

Il semble évident que certaines dettes sont plus urgentes que d'autres ; si des agents de recouvrement vous poursuivent, ignorer la facture et espérer qu'elle disparaisse ne servirait à rien. Il est clair que vous devez vous occuper d'abord de celles-ci tout en préservant les autres pour éviter d'accumuler les charges, préserver votre historique de crédit et, surtout, préserver votre santé mentale.

Nous nous retrouvons dans un état réactif constant qui nous oblige à nous concentrer sur l'extinction des incendies plutôt que sur les aspects les plus importants de notre vie, ce qui n'est pas une expérience agréable.

Prévoyez de régler d'abord les factures les plus urgentes ou, mieux encore, appelez votre créancier et négociez les conditions de la dette pour la rendre "non urgente", ce qui vous permettra de régler toutes les obligations de manière égale par la suite.

4. La priorité la plus élevée d'abord.

D'un point de vue purement financier, il est toujours conseillé d'éliminer d'abord la dette dont le taux d'intérêt est le plus élevé, car c'est là que vous économiserez le plus d'argent. Commencez par la dette dont le taux d'intérêt est le plus élevé, payez le strict minimum sur toutes les autres factures et concentrez-vous d'abord sur celles-ci car elles sont les plus coûteuses.

Donnez la priorité à votre plus petite dette en premier lieu pour libérer vos pensées.

Précédemment, j'ai mentionné que se concentrer sur la dette dont le taux d'intérêt est le plus élevé est le plan financier le plus efficace pour éliminer les dettes. Cependant, il y a aussi une composante psychologique qui peut avoir un impact égal sur votre capacité à réduire complètement vos dettes, en particulier lorsque vous avez plusieurs dettes et un montant important de celles-ci ; cela peut sembler une tâche impossible et irréalisable et nous mettre dans un état d'impuissance, ce qui n'est pas un état très ingénieux pour agir.

Par conséquent, l'état psychologique dans lequel vous devez être est également essentiel, en plus de la stratégie financière qui sous-tend la réduction des dettes. Vous prenez de l'élan en priorisant l'élimination de vos obligations, du solde le plus bas au plus élevé. Lorsque vous commencez à rayer diverses dettes, vous pouvez observer les avantages tangibles et le succès de votre plan.

L'élan est une force très puissante. Le progrès engendre l'élan, l'élan stimule le dévouement, et les choses commencent soudainement à se produire plus rapidement lorsque vous êtes sur la bonne voie. Votre dette devient moins un fardeau et plus une tâche à conquérir et à surmonter, et vous acquérez la confiance que vous pouvez atteindre vos objectifs. Par conséquent, une fois la dette remboursée, utilisez cet élan pour créer de la richesse à l'avenir.

L'ordre que vous choisirez dépendra largement de qui vous êtes et de la façon dont vous appréhendez votre personnalité, votre motivation et votre dévouement. Travailler avec des centaines de clients pour réduire leur dette et les mettre sur la voie de la création de richesse m'a montré que les deux sont aussi efficaces l'un que l'autre.

5. Flocon de neige.

Il s'agit d'une idée simple et pourtant très efficace. Il s'agit d'effectuer des paiements minimaux sur la plupart de vos factures et de vous concentrer sur une seule. Une fois le premier prêt remboursé, vous devez prendre le paiement minimum que vous faisiez plus tout autre fonds que vous aviez engagé et vous concentrer sur votre deuxième facture prioritaire.

Une fois celle-ci remboursée, appliquez tout ce que vous avez payé sur les deux premières dettes, plus les liquidités supplémentaires, à la troisième dette jusqu'à ce que toutes les dettes soient remboursées. Comme vous continuez à faire défiler vos paiements minimums sur toute la ligne de prêts, cela génère un effet boule de neige qui réduit rapidement votre solde.

Vous pouvez également trouver intéressant Temps de prendre en charge vos finances.

1. Traitez vos finances comme une entreprise.

Après avoir franchi ces étapes, vous devez vous assurer de ne plus jamais tomber dans le piège de l'endettement et, surtout, de passer à la création de richesse. Malheureusement, la plupart des gens ne gèrent leurs finances que lorsqu'ils ont des factures à payer, des problèmes d'urgence ou des dettes importantes.

Toutefois, si vous aviez pris l'initiative de gérer vos finances dès le départ, vous ne vous seriez probablement pas retrouvé dans cette situation. Commencez immédiatement à être proactif dans la gestion de vos finances et gérez votre vie financière comme s'il s'agissait d'une entreprise ; la rentabilité est la pierre angulaire de toute entreprise prospère.

Déterminez où vous en êtes en ce moment. Créez un compte de résultat et un bilan de votre vie. Quelles sont vos dettes ? Quelles sont vos ressources ? Quels sont vos flux financiers entrants et sortants ? Établissez un budget qui vous permettra de réaliser un bénéfice hebdomadaire.

2. Suivez vos dépenses pendant quelques semaines (de préférence quatre), procurez-vous un petit bloc-notes et emportez-le partout, téléchargez des

applications mobiles intelligentes ou reliez un outil de suivi des dépenses à vos comptes bancaires. Il existe des outils remarquables.

Cela vous apportera une immense clarté sur votre situation financière actuelle et sur la destination de votre argent, et vous responsabilisera chaque fois que vous sortirez votre portefeuille ou votre sac à main pour dépenser de l'argent. Vous commencerez à reconsidérer chaque achat.

3. Déterminez votre destination prévue. Lorsque vous avez un but et un ensemble d'objectifs solides derrière votre création de richesse et la raison pour laquelle vous voulez construire la richesse dans votre vie, votre dévouement à rester fidèle à votre mission et à vos objectifs est extrêmement puissant.

4. Élaborez un plan financier et d'investissement - Commencez par réduire vos mauvaises dettes et élaborez un plan pour accumuler des richesses et investir dans des actifs de croissance. Faites appel à un coach si vous n'êtes pas sûr de la façon de procéder, quelqu'un qui pourra vous orienter dans la

bonne direction. Si vous engagez le bon coach, vous devriez obtenir un retour sur investissement nettement supérieur aux dépenses engagées pour l'engager.

5. De même, un planificateur financier n'est pas nécessairement un coach compétent ou n'a jamais amassé de richesses pour lui-même, mais il pense pouvoir l'enseigner. Concentrez-vous sur les résultats, pas sur les qualifications. Les qualifications sont simples, mais les résultats sont extrêmement inhabituels.

6. Si vous avez un problème de dépenses, placez des post-it avec la question "en avez-vous besoin ?" sur votre carte de crédit. Donnez-vous de l'argent de poche chaque semaine et laissez vos cartes de crédit à la maison. L'objectif est de se préparer à d'éventuels obstacles et d'être honnête sur ses forces et ses limites afin d'élaborer des contre-mesures.

7. Prévoyez des séances de révision périodiques. L'une des habitudes les plus puissantes que vous puissiez créer est une nuit de la richesse, un temps réservé une

fois par semaine où vous gérez délibérément votre argent et passez en revue vos résultats - quand j'ai fait cela dans ma vie. Les commentaires que j'ai reçus de nombreux clients à qui j'ai fait prendre cette habitude sont qu'ils se sentent pour la première fois maîtres de leurs finances au lieu de se sentir constamment à la merci de leur argent.

UNE MAUVAISE DETTE PEUT RUINER VOTRE PATRIMOINE.

Les mauvaises dettes peuvent vous entraver et stopper vos efforts pour vous enrichir. L'une des erreurs les plus courantes commises par les investisseurs immobiliers consiste à contracter trop de créances irrécouvrables - n'oubliez pas qu'il s'agit de créances qui ne génèrent pas de revenus ou dont les intérêts ne sont pas déductibles des impôts !

Lorsque vous demandez un nouveau prêt pour l'achat d'un immeuble de placement, le montant de votre revenu nécessaire au service de votre créance irrécouvrable est soustrait de votre revenu global, qui est ensuite utilisé pour déterminer le montant que vous pouvez emprunter.

Votre capacité d'emprunt sera réduite en raison de vos mauvaises dettes ; le montant exact dépendra de l'importance de vos mauvaises dettes. La plupart des gens ne sont pas conscients du fait qu'une mauvaise dette peut nuire à leur capacité d'emprunt.

Comment pouvez-vous espérer qu'un prêteur vous avance de l'argent pour créer un immeuble de placement si vos seuls actifs sont des factures de cartes de crédit, des relevés de prêts personnels et une lourde hypothèque sur votre résidence ?

Je ne comprends pas toujours comment les gens peuvent emprunter jusqu'à leur limite de crédit pour surcapitaliser leur propriété, laissant peu pour l'avenir. Ils maximisent leurs créances douteuses, font des paiements mensuels minimums et se demandent pourquoi les banques ne leur donnent pas d'argent supplémentaire pour acheter un immeuble de placement !

Je suis conscient que nous avons été élevés dans un monde où emprunter de l'argent, en particulier des créances douteuses, est une pratique acceptée, et il semble que cette mentalité se transmette de génération en génération. Cette mentalité a donné naissance à de nombreux programmes d'emprunt pour créances douteuses qui permettent aux personnes d'emprunter sans intérêt ni remboursement pendant une période pouvant aller jusqu'à quatre ans.

Les statistiques révèlent que la plupart des personnes ne paient pas à la date d'échéance et, par conséquent, encourent des taux d'intérêt exorbitants. Si vous envisagez de prendre votre retraite à un jeune âge, de vous prélasser dans une chaise longue, de profiter de la vie et de jouer au golf, vous devriez exclure les mauvaises créances de vos calculs d'investissement.

Le remboursement des créances douteuses est une démarche simple qui devrait être enseignée à tous. Plus vos créances douteuses sont importantes, plus vous êtes contraint de travailler pour les rembourser. Vous êtes moins contraint de gagner plus si vous avez moins de mauvaises dettes.

VOTRE STRATÉGIE DE RÉDUCTION DES DETTES.

Tout d'abord, vous devez établir et compléter un budget afin de déterminer le montant que vous pouvez consacrer chaque semaine au remboursement de la mauvaise dette. Vous devez continuer à effectuer des paiements mensuels sur tous vos prêts tout en remboursant le solde d'un seul.

Un scénario de base :

- Prêt personnel : 190,00 $ par mois
- Carte de crédit : mensuel $280.00
- Prêt pour un bateau : 310,00 $ par mois
- Prêt auto : $750.00 mensuel.

Le plan consiste à prendre votre plus petite mauvaise dette et à augmenter le paiement mensuel d'au moins 50 $. Par conséquent, vous payez 240 $ par mois sur votre prêt jusqu'à ce qu'il soit remboursé.

Ensuite, vous mettez les 240 $ que vous ne dépensez plus sur votre prêt dans votre prochaine mauvaise dette la plus basse, votre carte de crédit. Le nouveau montant de votre paiement de carte de crédit est maintenant de 520 $.

Appliquez cette méthode à chaque facture impayée jusqu'à ce que vous soyez LIBRE DE DETTES.

La gestion de vos finances exige de la discipline, mais elle peut être incroyablement gratifiante.

Le secret d'une retraite plus précoce et plus prospère est de n'avoir aucune mauvaise dette et seulement de bonnes dettes. Une bonne dette génère de l'argent et/ou attire des intérêts déductibles des impôts. L'ATO vous permet d'équilibrer les dépenses immobilières avec vos propres revenus et les revenus de l'immeuble de placement, ce qui vous permet de payer moins d'impôts que ce que vous devriez normalement payer.

L'avantage supplémentaire qui génère une véritable richesse est l'appréciation du capital de la propriété au fil du temps. Lorsque cette méthode est équilibrée à plusieurs reprises, les résultats sont tout simplement stupéfiants.

Vous pouvez augmenter la valeur d'une propriété résidentielle en la réparant, en la lotissant et en réalisant d'autres activités à valeur ajoutée, ce qui constitue l'un de ses principaux avantages. Vous pouvez également obtenir une réduction par la recherche et le marchandage.

La plupart des investisseurs immobiliers n'ont pas le temps ou les connaissances nécessaires pour gérer leurs biens. Ils génèrent des revenus à partir d'autres sources ; l'immobilier n'est qu'un moyen de stocker et d'accroître leurs revenus provenant d'autres sources. Il existe de nombreuses façons d'accélérer l'argent grâce à l'immobilier, mais cela dépend de votre volonté et de votre capacité de travail.

Une proportion relativement faible d'investisseurs immobiliers travaillent dur sur leurs propriétés ; certains abandonnent même leur carrière et leur entreprise pour s'y consacrer. Selon le type d'investisseur que vous êtes, vous évaluerez vos propriétés en fonction de vos exigences spécifiques.

La qualité d'un immeuble de placement peut être déterminée par la façon dont il satisfait les besoins de l'investisseur à un moment donné ; par conséquent, la performance d'un immeuble est une mesure subjective pour l'investisseur et a une pertinence minimale pour les autres.

Le développement de la richesse est en grande partie indépendant des conditions extérieures du marché, c'est un processus autogéré. Les gens essaient souvent d'acheter à bas prix et de vendre à prix élevé, mais la plupart d'entre nous ne pourront jamais perfectionner ce timing. Le moment optimal pour acheter est celui où vous êtes financièrement préparé ; il est plus important que vous soyez préparé que les autres le soient pour vous.

CONVERTIR LA DETTE EN RICHESSE.

Étape 1 - Obtenez une image claire de votre situation actuelle.

Irritez-vous. Si vous voulez apporter les changements nécessaires à votre structure financière, vous devez devenir extrêmement déstabilisé. J'adore la façon dont Tony Robbins en parle. Il parle de la perte de poids mais demande aux gens de se déshabiller, de se tenir devant un miroir et d'examiner leur derrière.

Pour ce faire, vous devez avoir une idée claire de votre dette. Écrivez-le en détail. Sur une feuille de papier, notez toutes vos dettes, non seulement les paiements mensuels mais aussi les soldes. Si vous êtes propriétaire d'une maison, vous pouvez la retirer de la liste pour le moment. Vous pourrez vous occuper de la maison plus tard, car c'est presque toujours le poste le plus cher et il sera remboursé en dernier.

Étape 2 - Commencez à surveiller vos dépenses.

Procurez-vous un bloc-notes à spirale que vous pourrez toujours porter sur vous. Notez CHAQUE coût que vous engagez, CHAQUE dollar que vous dépensez, TOUT ! Une fois encore, vous devez identifier où se trouvent les fuites pour corriger vos dépenses. Les personnes qui tiennent un journal alimentaire ont 77 % plus de chances de perdre du poids pendant un régime que celles qui ne le font pas. Il en va de même pour le désendettement. Gardez toujours votre journal sur vous.

La création d'une feuille "Cela en vaut-il la peine ?" est une autre astuce mentale. Ces feuilles sont utiles car elles révèlent le coût des dépenses courantes. Si vous le souhaitez, vous pouvez construire la vôtre. Il vous suffit de dresser une liste des produits que vous aimez acheter, de leurs prix et de la valeur de cet argent dans un an, cinq ans, dix ans et vingt-cinq ans s'il est investi à un taux de 8 à 10 % chaque année.

Dans dix ans, une tasse de café chez Starbucks pourrait vous coûter des centaines d'euros, et une soirée en ville pourrait vous coûter 50 000 dollars. Je peux au moins prendre une décision éclairée lorsque je connais les dépenses.

Étape 3 : Trouvez un partenaire de responsabilité.

Il n'y a pas de meilleur moyen de stimuler votre réussite que d'avoir un partenaire pour vous tenir responsable. Demandez à un ami d'analyser vos chiffres et de discuter de votre journal, de vos dépenses, etc. avec vous une fois par semaine ou par mois (une semaine est préférable, mais cela dépend de votre ami).

Veillez à ce que les enfants soient conscients qu'il est de leur responsabilité de vous demander des comptes et qu'ils doivent poser des questions difficiles lorsque vous dépensez plus que vous ne le devriez. C'est la raison pour laquelle ils sont là. Lorsque vous éprouvez des difficultés, vous devez en rechercher les causes, demander des stratégies pour vous aider à y parvenir et recevoir de l'aide pour établir des procédures.

Étape 4 : Arrêtez d'utiliser les cartes de crédit !

Vous avez entendu dire que l'utilisation d'une carte de crédit a un effet positif sur votre cote de crédit. Je préférerais ne pas avoir de dettes, ne pas avoir de carte de crédit et avoir des milliers de dollars en banque chaque mois, de sorte que je n'aie jamais besoin d'utiliser le crédit ! Est-ce important si vous ne pouvez jamais construire la richesse que vous désirez mais que vous avez un excellent crédit ?

Dans la mesure du possible, cessez complètement d'utiliser les cartes de crédit. Si vous avez des difficultés, placez votre carte dans un sac en plastique, placez le sac dans un gobelet en papier, remplissez le gobelet d'eau et congelez la carte. Si vous avez vraiment besoin de cette carte, vous devez faire des efforts pour la récupérer. Ne chauffez pas la carte au micro-ondes pour faire fondre la glace ; la carte serait endommagée.

Étape 5 : Trouvez des méthodes pour gagner de l'argent supplémentaire.

Des fonds supplémentaires faciliteront la réduction immédiate des dettes. Pour ce faire, vous pouvez vendre des articles sur eBay, organiser une vente de garage, mettre des articles en vente sur Craigslist ou vous lancer dans des activités en ligne. Quelle que soit la méthode que vous choisissez, vous devez passer à l'action. Sans action, il n'y a pas d'autres fonds.

Étape 6 : Remboursez d'abord le prêt le plus petit.

De nombreuses personnes vous conseillent d'éliminer la dette dont le taux d'intérêt est le plus élevé. Je crois que toute personne endettée doit d'abord avoir le sentiment de réussir ! Même si cela vous coûte 10 à 50 $ de plus en intérêts, il est essentiel de générer un sentiment d'accomplissement pour que vous poursuiviez vos efforts.

Il existe de nombreuses façons d'y parvenir. Certaines sont efficaces. D'autres ne sont que des gadgets qui ne fournissent aucune explication et vous laissent dans une situation pire qu'avant ! Celles-ci doivent indiscutablement être évitées à tout prix ! Cependant, vous devez passer à l'action ! J'en ai découvert une qui surpasse toutes les autres en termes de convivialité, de compréhension et d'application pratique.

PARTIE 4 - PATIENCE.

COMBIEN CELA VOUS COÛTE-T-IL DE DÉVELOPPER LA PATIENCE ?

Pour tout vous dire, c'est une leçon assez coûteuse. Il faudra beaucoup de temps et d'efforts pour perfectionner ces capacités. En outre, la constance dans ses actions et la ténacité dans le processus sont essentielles pour développer la patience.

Le processus d'acquisition de la patience exige énormément de temps, de travail et d'énergie. Cependant, de plus grands sacrifices donnent lieu à de plus grandes récompenses et réalisations. Les humains recherchent constamment la gratification instantanée dans tous les aspects de la vie : les projets de profit immédiat, l'argent instantané et les nouilles instantanées. De notre point de vue, nous sommes continuellement à la recherche d'une gratification rapide.

Souvent, nous ne percevons pas et ne reconnaissons pas que le développement de la patience nécessite l'acquisition de compétences et de connaissances essentielles pour accroître notre conscience et notre compréhension de nous-mêmes et des autres. En réalité, tout ce qu'il faut, c'est du temps et de la patience.

Non, je ne parle pas par énigmes. Je dis simplement la vérité. Imaginez simplement ceci. Comment peut-on gagner en patience si l'on n'est pas patient pendant l'apprentissage ?

Par conséquent, je crois que pour acquérir correctement les "secrets" de la patience, vous devez acquérir de nouvelles connaissances et de nouvelles idées sur les récompenses que peut apporter une excellente patience.

Vous avez sans doute entendu dire que la patience est une vertu. Oui, si elle est considérée dans la bonne perspective. D'une manière générale, il ne faut jamais utiliser la patience comme une excuse pour retarder ou comme une "raison" d'"attendre le bon moment".

Ainsi, "la patience est une vertu" a été largement mal appliquée, en particulier chez les procrastinateurs. On l'a surnommée la citation de l'homme paresseux. La patience reste une vertu et continuera à l'être. Il suffit de posséder la bonne disposition et la conscience de la patience.

En adoptant une attitude positive et en comprenant les avantages de la patience, vous serez en bien meilleure position pour l'acquérir. Apprendre la patience est nécessaire pour réussir, comme le prêchent la plupart des personnes qui réussissent.

Avec la patience, vous apprenez à apprécier le processus et le parcours plutôt que de vous concentrer uniquement sur le résultat. Contrairement à une idée largement répandue, le bonheur d'une personne n'est pas déterminé par le nombre de réalisations qu'elle accomplit.

Au contraire, le bonheur se mesure au nombre de fois où un individu s'est relevé après chaque chute. La quantité de "cicatrices de combat le juge" que l'on a acquises sur le chemin de la réussite. Si vous êtes patient, vous obtiendrez les compétences et la capacité de transformer tous les revers en victoires et la volonté de perdre des batailles mineures pour gagner la grande guerre.

De plus, avec la patience vient la confiance et la prise de conscience qu'il n'y a pas de véritables échecs dans la vie s'ils ne sont pas reconnus.

Il est vrai que nous subissons tous des revers temporaires en cours de route. Mais c'est aussi grâce à ces défaites temporaires que nous apprenons des méthodes et des tactiques plus efficaces que nous pouvons utiliser pour gagner les futurs combats importants de la vie.

Ceux qui se contentent d'attendre ne seront pas récompensés. Au contraire, il attire les personnes qui investissent continuellement du temps, de l'énergie et des efforts pour cultiver la patience et prendre des mesures correctives massives.

COMMENT PASSER DE LA MISÈRE À LA RICHESSE.

Pour attirer la prospérité, il faut d'abord croire qu'on la mérite, sinon on risque de bloquer son chemin avec des sentiments d'insuffisance et d'anxiété. Il ne suffit pas de convoiter l'argent, il faut croire qu'on le mérite. C'est l'un des secrets de la réussite financière.

Les personnes conditionnées à croire que leur race, leur milieu socio-économique, leur environnement ou leur religion les empêchent d'acquérir des richesses ont du mal à le faire. Des décennies de conditionnement dû à la discrimination peuvent avoir un impact négatif. Dans de nombreux cas, le manque d'exposition à ce que donne l'argent a entravé les options d'éducation, d'emploi et de style de vie des personnes économiquement défavorisées.

Heureusement, certaines personnes ont surmonté ces situations difficiles avec une détermination et un déterminisme purs. Lorsque ce complexe d'infériorité est profondément ancré, il peut être éradiqué à l'aide d'activités de contre-conditionnement de l'esprit qui pénètrent le conscient et le subconscient.

L'ARGENT A UN CHAMP D'ÉNERGIE.

L'argent attire l'argent, tant dans le domaine spirituel que physique. L'argent a son champ énergétique et doit être équilibré avec ses vibrations subtiles pour l'attirer. De la même manière, l'amour attire l'amour, et la peur attire la peur.

Par conséquent, si vous ne vous sentez pas méritant ou si vous ne croyez pas vraiment que vous pouvez l'avoir, vous ne l'attirerez pas. Si vous vous sentez méritant à un faible degré, vos rencontres avec l'argent peuvent être fugaces et insignifiantes. Vous semblez incapable d'entretenir le canal de la prospérité.

Les affirmations et/ou les exercices de conditionnement de l'esprit supraliminaire sont un merveilleux point de départ pour établir une connexion plus solide avec votre état mental de valeur et votre capacité à attirer la richesse dans votre vie.

D'un point de vue religieux, des écritures bibliques spécifiques, de la littérature spirituelle ancienne, des prières, des psaumes et des affirmations se prêtent à une transformation mentale positive et peuvent être extrêmement efficaces lorsqu'ils sont prononcés quotidiennement.

Les exercices de conditionnement de l'esprit constituent une solution alternative. Il s'agit d'une pratique consistant à remplacer les schémas de pensée négatifs par des schémas positifs afin d'obtenir les résultats souhaités. Une pensée positive doit remplacer chaque idée négative éliminée.

L'ALIMENTATION DE LA STRATE CRÉATIVE.

Dieu a créé les cieux et la terre au début des temps. Or, la terre était vide et sans forme ; les ténèbres couvraient la surface profonde, et l'Esprit de Dieu planait au-dessus des eaux

Avant que tout ne soit, il y avait un concept. L'imagination est la création mentale de visions de la manifestation physique souhaitée. Elle joue un rôle essentiel dans le processus de création puisqu'elle fait passer une forme de pensée de l'état d'idée à celui de substance réelle.

De nombreuses légendes y font référence de manière symbolique, notamment la lampe d'Aladin, la manne biblique, Peter Pan et le Magicien d'Oz. Tout est question de visualisation et d'imagination.

Comment diriger l'imagination ?

Elle peut être accomplie en travaillant à l'actualisation du concept imaginé. Imaginez, réfléchissez et découvrez un moyen de lui donner vie en utilisant des images pour illustrer l'idée.

Si vous désirez un véhicule de luxe, vous devriez vous rendre chez un concessionnaire automobile et en faire l'essai pour vous faire une idée et vivre une expérience authentique. Si vous désirez une nouvelle maison, faites des visites guidées et photographiez les résidences pour identifier votre propriété idéale.

L'objectif est de combler le fossé entre vos pensées et le monde réel. Grâce au pouvoir de son imagination, on peut transformer le monde en ses rêves. Je l'ai fait avant, pour que vous puissiez le faire aussi. J'ai pu obtenir une voiture, un piano numérique, une maison et un revenu fantastique grâce à l'emploi de mon imagination.

LA CONCRÉTISATION DE VOS IDÉES.

Dans la vie, on nous présente souvent des possibilités d'acquérir une fortune, mais nous ne les saisissons pas. Parfois, ces opportunités semblent peu appétissantes et nous les rejetons parce qu'elles ne correspondent pas à notre plan de vie.

Les opportunités qui se présentent sous des teintes séduisantes, une stature attirante et des formes amusantes sont plus facilement acceptées mais ne sont pas toujours les meilleurs choix. Les opportunités de richesse se présentent souvent, mais c'est à nous d'ouvrir la porte. Nous déverrouillons la porte à l'aide de la clé. LA GRATITUDE ! Quel est le secret ?

Nos désirs, nos pensées et nos rêves sont comme de petits aimants qui attirent les expériences et les possibilités de la vie. Plus la passion est grande, plus l'opportunité se présentera rapidement, et plus elle correspondra à nos désirs idéaux.

Lorsqu'une opportunité se présente, nous devons ouvrir la porte en l'acceptant avec gratitude et respect. Plus notre appréciation est grande, plus le résultat de l'opportunité est favorable.

Peu de personnes comprennent vraiment le pouvoir de la gratitude. Ils pensent que la gratitude ne fait qu'exprimer de la gratitude, mais c'est bien plus que cela : elle se traduit par une action. Une action positive ! L'attitude de gratitude nous maintient dans la modestie et dans le modèle de la "loi de la réciprocité", qui consiste à donner et à recevoir.

La "loi de réciprocité" est un facteur "donnant-donnant" qui doit être respecté pour distribuer la prospérité dans toute sa mesure. Cette loi est souvent mentionnée dans la Bible et dans d'autres traditions spirituelles.

Donnez, et vous recevrez. Une mesure pressée, secouée et débordante sera déversée sur vos genoux. Car c'est selon la mesure que vous employez qu'on vous mesurera. Bien que ces écritures soient considérées comme faisant partie des enseignements spirituels du christianisme, il ne fait aucun doute qu'elles se rapportent à une loi qui s'applique à la vie de chacun, quelle que soit sa religion, sa croyance ou sa race. Le chaos s'ensuit lorsque cette loi n'est pas respectée dans notre vie quotidienne.

Lorsque nous ne sommes pas reconnaissants pour ce que nous recevons et que nous ne rendons pas la pareille d'une manière ou d'une autre, notre sol ou notre esprit devient en jachère et les graines que nous y plantons finissent par flétrir et mourir. Là où il n'y a pas d'esprit de générosité ou d'amitié envers les humains, le chemin de la prospérité peut et va se rétrécir. Cet esprit de générosité peut prendre la forme d'un service, d'une contribution monétaire, de l'amour, de la sagesse, etc.

Donner de l'argent à une cause qui vous tient à cœur, faire du bénévolat lors d'un événement sans but lucratif, tondre le gazon de quelqu'un, livrer des repas à une personne âgée, raccompagner un ami chez lui, donner des articles à Goodwill, etc. sont des exemples de ces actions. Un dimanche soir, alors que nous étions en train de dîner et de discuter, un membre de notre groupe nous a révélé qu'il était au chômage et qu'il n'avait pas les moyens de payer son prochain repas.

Grâce à cette discussion, ce chômeur a reçu une demande d'emploi de la part d'un ami, qui l'a ensuite soumise sur le lieu de travail. Le chômeur a été embauché et la personne qui avait soumis sa candidature a été promue.

C'est un exemple de la loi de la réciprocité, et il ne fait aucun doute que l'appréciation nous entoure de l'énergie de l'amour, de la bonté, de l'attention, de la compassion, de la patience et de la générosité. En ce sens, la prospérité mène également à une excellente santé et au bonheur.

La gratitude est puissante et constitue la clé pour déverrouiller les portes de la prospérité et attirer les possibilités qui habilleront vos besoins et vos désirs de substance. Si vous payez vos dettes avec joie plutôt qu'avec haine, elles seront remboursées plus rapidement. Si vous voulez plus d'argent dans votre vie, vous devez devenir plus reconnaissant et le démontrer de la manière décrite ci-dessus.

Si vous voulez une nouvelle maison, nettoyez et embellissez celle que vous avez, et on vous en donnera une supérieure. Si vous désirez un meilleur emploi, trouvez le moyen d'aimer votre emploi actuel et de faire un travail remarquable là où vous êtes, et vous obtiendrez une promotion (peut-être même une nouvelle promotion).

Si vous êtes au chômage, passez un peu de temps à aider une organisation à but non lucratif ; un emploi apparaîtra. Vous seriez étonné de voir à quel point la gratitude peut propulser et faire de vos rêves une réalité ! Faites en sorte que cela se produise ! Soyez reconnaissant !

POURQUOI LA PATIENCE EST L'ÉLÉMENT ESSENTIEL DU SUCCÈS.

Vous aspirez à la prospérité et à l'indépendance financière, n'est-ce pas ? Et vous le voulez le plus vite possible, surtout si, comme beaucoup de gens, vous souffrez de dettes et d'obligations, vous vous demandez si votre travail est sûr et vous souhaitez avoir un peu plus d'argent pour vous faire plaisir et vous détendre. Vous avez lutté pendant des années, et maintenant il serait agréable de récolter les fruits de vos efforts.

La plupart des personnes qui recherchent l'indépendance financière pensent qu'elle arrivera rapidement et sans difficulté. Ils observent quelqu'un qui a réussi du jour au lendemain. Ils regardent quelqu'un qui réussit financièrement aujourd'hui mais oublient tous les efforts que cette personne a déployés pour construire son indépendance financière dans le passé.

Cette perception erronée conduit de nombreuses personnes à croire que la réussite financière - ou la réussite dans tout autre aspect de la vie - peut être acquise demain ou, au plus tard, à la fin du mois.

Cependant, comme l'a déclaré Napoleon Hill, vous devez apprendre les trois principaux éléments du succès que sont la patience, la persistance et la transpiration, qu'il considérait comme une combinaison de succès imbattable.

Je veux tout, et je le veux TOUT DE SUITE !

Le plaisir instantané est devenu la norme dans notre société. Les jeunes sont connus pour s'attendre à ce que leurs moindres caprices et souhaits soient satisfaits rapidement. Les médias ont convaincu les gens que leur vie ne sera plus jamais la même s'ils ne se procurent pas immédiatement le dernier article de marque.

Les organismes financiers y ont également contribué en rendant le crédit facilement accessible aux personnes solvables et à d'autres qui sont susceptibles de lutter pour maintenir un style de vie excessif. Il semble que la patience ne soit plus une vertu.

Des personnes comme Edwin C. Barnes ont travaillé pour Thomas Edison à des tâches subalternes tout en attendant patiemment l'occasion de devenir le partenaire commercial d'Edison. De même, Henry Ford a attendu patiemment que ses ingénieurs travaillent à la construction du moteur V-8, qui lui a rapporté une fortune. Sans persévérance, ni l'un ni l'autre n'aurait réussi.

Les personnes qui réussissent hésitent à changer d'avis une fois qu'une décision a été prise. Si vous changez brusquement vos plans au milieu de leur exécution, vous ne saurez jamais ce qui aurait pu se passer. S'en tenir à votre décision plutôt que de changer d'avis vous donne le temps de laisser les choses se dérouler afin que vous puissiez examiner les conséquences de vos actions avec précision.

La persistance est la capacité à persévérer dans une tâche jusqu'à son achèvement plutôt que d'abandonner lorsque les choses ne vont pas comme vous le souhaitez. La clé du succès dans la vente est de se mettre en face d'un nombre suffisant de personnes qui choisissent d'acheter ce que vous vendez. Si de nombreuses personnes ont refusé d'acheter, il peut être difficile de se placer devant le prochain client potentiel.

Vous vous convainquez qu'il n'y a pas de but parce que vous ne ferez qu'être déçu à nouveau, ou peut-être vous demandez-vous si vos biens valent la peine d'être achetés. Les points négatifs s'accumulent, formant une montagne mentale qu'il faut escalader pour atteindre la prochaine opportunité.

Le principal moyen de s'en sortir est de continuer à faire ce que vous faites : être tenace. Mettez un sourire, décrochez le téléphone, frappez à la porte du voisin, ou quoi que ce soit d'autre. La prochaine personne à qui vous parlerez pourrait être la clé de votre réussite, mais si vous n'êtes pas tenace, vous pouvez vous éloigner au lieu de l'aborder.

Prenez l'habitude de surmonter votre manque de persévérance. Les nouveaux projets ou les projets dans lesquels vous avez moins confiance en vous nécessitent plus de persévérance que les autres. Dans ce cas, il est encore plus simple pour les pensées et influences négatives de s'installer.

Arrêtez de vous préoccuper du résultat et commencez simplement. Si les choses ne se passent pas comme vous le voulez, c'est une excellente occasion d'apprendre, et lorsqu'elles se passent comme vous le voulez, ces émotions heureuses réaffirmeront la valeur de la persévérance.

10% d'inspiration, 90% de transpiration.

Derrière chaque personne qui réussit se cache beaucoup d'efforts non reconnus, notamment par ses détracteurs. Thomas Edison a échoué de nombreuses fois avant de créer une ampoule électrique fonctionnelle. Les athlètes qui réussissent passent de nombreuses heures à perfectionner leurs mouvements pour que leurs performances en compétition paraissent sans effort. La télé-réalité démontre que si l'habileté est nécessaire, la persévérance détermine en fin de compte le succès ou l'échec.

Tous ceux qui ont atteint l'indépendance financière l'ont fait grâce à un effort constant. Ils ont découvert un désir ardent, ont fait appel à leur créativité pour élaborer un plan méthodique, puis ont mis en œuvre ce plan jour après jour jusqu'à ce que leur réussite "instantanée" commence à apparaître.

Les premières réalisations étaient célébrées comme des étapes importantes, et non comme la destination. Les revers étaient considérés comme des occasions d'apprendre : modifier les plans et réévaluer les techniques, et non comme des raisons d'abandonner.

Le travail physique, mental, ou les deux, est la seule voie sûre pour atteindre l'indépendance financière à long terme. Pour réussir, vous devez être prêt à payer le prix en cultivant et en utilisant les trois facteurs de réussite les plus importants : la patience, la persistance et la transpiration.

LA FORMULE DE LA RICHESSE QUI NE PEUT JAMAIS ÉCHOUER

Comment puis-je avoir un revenu stable et cesser de dépendre des autres ? Ce sujet est souvent revenu dans mes échanges avec nombre de mes lecteurs au cours de l'année écoulée.

Chaque fois que quelqu'un me pose cette question, cela me fait réfléchir. Je renverse la question et je demande : "Existe-t-il une stratégie pour créer des richesses qui ne peut pas échouer ? S'il existe une formule, quelle est-elle ? A quel point est-elle compliquée ? Est-ce que pratiquement toute personne déterminée peut l'accomplir ?"

Après des mois de contemplation intense et d'enquête approfondie, j'ai les réponses à ces préoccupations. Oui, il existe une stratégie de création de richesse qui ne peut jamais échouer ! Avant de décrire cette formule, laissez-moi définir brièvement le terme "formule", car il est essentiel pour que vous compreniez ce que j'essaie de vous transmettre.

Selon un dictionnaire en ligne, une formule est une forme prédéterminée de mots, comme annoncer ou déclarer quelque chose de manière définitive ou faisant autorité, suggérer une procédure à suivre ou prescrire l'usage. En d'autres termes, c'est accomplir quelque chose de permanent ou d'habituel ; une règle ou un principe, une recette ou une prescription.

Cette définition suggère qu'une formule de développement de la richesse est un ensemble de directives ou de recettes. Quelle est donc cette formule ? Il s'agit d'une méthode en quatre étapes qui, lorsqu'elle est intégrée, vous permet de générer des richesses.

Vous trouverez ci-dessous les quatre sections :

- Faites de Dieu la pierre angulaire.

- Trouvez un moyen de commencer à gagner un revenu réel de façon constante et ayez la maîtrise de vous-même pour ne jamais tout dépenser.

- Maîtrisez l'art de recevoir des paiements récurrents pour vos services.

- Concentrez-vous uniquement sur les étapes 1, 2 et 3 en identifiant continuellement les moyens d'améliorer les performances.

Voici l'équation. Maintenant, disséquons-la. La première section est simple, n'est-ce pas ? Cela signifie que vous devez choisir de vous aligner sur ce que DIEU dit. Cela indique que vous devez être conscient de ce que Dieu a dit et être capable de vous aligner sur lui.

La meilleure méthode pour y parvenir est de devenir un étudiant assidu de la Parole de DIEU. Vous établirez une base solide pour la production de richesses en comprenant ses enseignements et en vous consacrant à leur mise en œuvre.

Par exemple, si votre DIEU est le même que celui que je sers, vous serez un auditeur et un praticien dévoué de ce que DIEU a dit, tel qu'enregistré dans la Bible. Un praticien dévoué et enthousiaste de la Parole est une perspective certaine de richesse durable.

Cet individu ne peut manquer d'atteindre la réussite globale. C'est ainsi que la Bible valide cette affirmation : "Ne laisse pas ce livre de la loi quitter tes lèvres ; pense-y jour et nuit afin que tu sois attentif à suivre toutes ses instructions. Alors tu connaîtras la prospérité et le succès." Josué 1:8.

Cela devrait vous réjouir si vous mettez en pratique et écoutez la Parole. Pourquoi ? Vous êtes devenu un exécutant parce que vous venez de l'entendre dire, et si vous allez maintenant de l'avant et faites ce que la Parole dit, vous n'êtes plus un auditeur.

Alors vous aurez droit à ce que la Bible a promis. Mon DIEU ne niera jamais son existence. Il accomplira tout ce qu'Il a déclaré dans Sa Parole. Rien n'est impossible pour Lui.

La deuxième partie de la stratégie consiste à trouver une technique pour gagner des revenus réels de manière constante et ne jamais dépenser tous ses gains. En général, il ne s'agit pas des revenus d'un emploi de rêve ou d'une profession de premier ordre. Nous parlons ici d'une personne qui est probablement au chômage, qui n'a aucune idée de l'endroit d'où viendra son prochain repas ou dont le revenu mensuel n'a rien d'extraordinaire."

La tentation pour les personnes dans cet état est de devenir si désabusées et découragées qu'elles choisissent de mettre fin à leur vie.

Je dois reconnaître que c'est une position extrêmement difficile. Si vous faites ce que je vais vous suggérer, non seulement vous reprendrez pied, mais vous serez également libéré des chaînes de la pauvreté. Pour surmonter cet obstacle, il vous suffit de vous lever et d'identifier un service utile que vous pouvez rendre à quelqu'un en échange d'une compensation et de vous assurer que ce service est légitime.

Puis, lorsque cet effort commence à rapporter des revenus, passez à l'étape suivante et disciplinez-vous pour ne pas dépenser tous vos bénéfices, aussi petits soient-ils. C'est un élément essentiel de la recette pour créer des richesses.

La plupart des gens ne passent pas ce stade. Soit ils restent dans l'emploi subalterne qui leur assure un revenu constant, soit ils considèrent l'argent qu'ils gagnent avec mépris au lieu d'en remercier Dieu.

Mais si vous comprenez comment fonctionne cette formule, votre état d'esprit va changer. Vous reconnaîtrez d'abord qu'il s'agit d'une brève phase de votre vie. Ce n'est pas un endroit où vous voulez passer trop de temps. Le seul objectif est d'avoir suffisamment d'argent pour vous permettre de manger (pas nécessairement un repas satisfaisant de façon régulière) et d'investir dans votre développement personnel.

En ce qui concerne votre investissement dans l'auto-amélioration, choisissez avec soin. La meilleure stratégie consiste à acquérir une expertise que vous pouvez très bien maîtriser et utiliser au profit des autres. Voici un secret que j'aimerais vous faire découvrir.

Par exemple, vous savez que pour certaines tâches, les particuliers et les entreprises paieront toujours d'autres personnes pour les effectuer. Choisissez l'une de ces activités qui vous plaît, devenez compétent et efforcez-vous d'être le meilleur fournisseur de ce service.

Avant d'expliquer le troisième élément de cette formule, je tiens à souligner un autre point. Plus tôt, je vous ai mis en garde contre le péril de devenir ingrat pour le revenu minime que vous gagnez en effectuant des tâches subalternes dans la deuxième étape de la procédure. Si vous avez la maîtrise de vous-même pour accomplir cela, vous êtes à mi-chemin de la sortie de la pauvreté.

Vous devez être très prudent à ce sujet. Si vous laissez un manque de gratitude s'infiltrer dans votre cœur, il vous consumera, vous empêchant de vous améliorer. Si vous laissez cela se produire, vous serez en danger. Soyez donc prudent !

Bon, vous avez maintenant passé le premier obstacle périlleux, où beaucoup échouent. Dans la troisième moitié de la formule, votre objectif est d'améliorer votre expertise afin d'être payé à plusieurs reprises pour votre service.

Qu'est-ce que cela signifie ?

Vous vous souvenez que vous possédez maintenant un talent ? Et que vous avez maîtrisé cette capacité au point de pouvoir vous présenter comme le meilleur dans ce domaine ? Le moment est venu de créer une entreprise basée sur votre compétence unique.

Être le numéro un dans votre domaine ne garantit pas que votre entreprise générera des bénéfices une fois établie. C'est un autre piège dont sont souvent victimes les entrepreneurs débutants.

Lorsque la plupart des gens créent une entreprise, ils s'attendent à un démarrage rapide. Ils sont impatients de commencer à réinvestir leurs richesses. Toutefois, ce cas de figure est rare ; quand ce n'est pas le cas, la plupart des gens se désintéressent et passent à autre chose.

Vous devez apprendre à être patient pour corriger cette partie du calcul. Je peux vous dire, par expérience personnelle, que cette phase du chemin vers l'indépendance financière peut être encore plus difficile que lorsque vous occupiez des emplois subalternes pour produire un revenu.

Dans la troisième partie de cette méthode, vous vous appuierez sur un mélange de tous les principes que vous avez appris dans les parties un et deux pour vous aider à survivre à la saison hivernale.

Vous devrez acquérir de nouvelles compétences, telles que la publicité pour vos produits et services, la gestion d'une entreprise prospère, la gestion des ressources humaines et matérielles, ainsi que l'attraction et la fidélisation de clients à vie.

Votre capacité à apprendre et à vous épanouir dans ces domaines déterminera le succès de votre entreprise. Supposons toutefois que vous persévériez et mettiez en œuvre tout ce que vous avez appris sans négliger l'intégrité et le comportement éthique au sein de votre organisation. Dans ce cas, vous atteindrez un point où les bénéfices que vous pensiez ne pas se matérialiser ou arriver trop tard seront la norme.

Lorsque vous atteindrez ce point, vous devrez appliquer tout ce que vous avez appris aux étapes 1, 2 et 3, mais cette fois, vous le ferez mieux, plus rapidement et plus efficacement, et à mesure que vous continuerez à le faire, vous continuerez à vous développer. Telle est ma stratégie infaillible pour générer de la richesse.

PARTIE 5 - INVESTIR DANS LE SOI.

Croyez que le meilleur investissement que vous puissiez faire est en vous-même ; c'est l'auto-investissement. L'éducation financière est la clé pour atteindre vos objectifs. Investir dans votre éducation financière est prudent, car cela permet de séparer les pauvres des riches, que cela vous plaise ou non.

J'ai inclus l'éducation financière parce qu'elle est essentielle, mais il existe d'innombrables autres façons d'investir en vous-même. Vous pouvez investir de l'argent pour obtenir un diplôme supérieur dans votre domaine d'expertise, ce qui vous élèverait au-dessus de vos contemporains.

Par exemple, si vous dépensez 1 000 dollars pour un cours professionnel qui, une fois terminé, améliore vos possibilités de commercialisation et fait passer votre revenu annuel de 100 000 à 300 000 dollars, n'est-ce pas un investissement judicieux ?

L'avantage de ce type d'investissement est qu'il échoue rarement. Contrairement à un investissement dans un restaurant qu'une future inondation pourrait détruire, vous conserverez l'information pour le reste de votre vie. Contrairement à l'investissement sur le marché des capitaux, qui pourrait être un peu délicat, cette forme d'investissement ne peut pas échouer.

C'est presque comme si votre argent avait acheté votre temps. Plus on investit en soi, moins il faut d'efforts pour gagner plus d'argent. Cela explique pourquoi certains spécialistes peuvent demander jusqu'à 1 000 dollars pour une tâche qui ne prend pas plus d'une heure à accomplir. Dans cette catégorie figurent, pour n'en citer que quelques-uns, les chirurgiens plasticiens, les conférenciers, les vendeurs professionnels et les présentateurs de journaux télévisés, qui sont très bien rémunérés.

Le raisonnement est le suivant : vous devez choisir un sujet que vous souhaitez maîtriser, qu'il s'agisse ou non du domaine dans lequel vous travaillez actuellement, et vous former au maximum pour que les gens commencent à vous payer plus cher pour vos services. Il peut s'agir de n'importe quel secteur ou emploi, qu'il s'agisse d'un rédacteur professionnel ou d'un analyste sportif ; il suffit de viser le sommet de l'échelle des carrières, et vous serez sur la voie de la richesse.

En quelques minutes, la vie peut passer de stable et prévisible à rapide et stressante. Comme notre vie évolue, nous devons en faire autant ! Que ce soit dans votre vie personnelle ou professionnelle, la croissance et l'amélioration de soi sont essentielles pour faire face au stress du changement et accepter les changements naturels à venir.

L'épanouissement personnel implique d'être honnête avec soi-même et de se demander quelles devraient être ses principales priorités dans la vie. Il implique l'acquisition de nouvelles compétences, connaissances et méthodes pour vous aider à progresser sur le plan personnel et professionnel.

Lorsque vous investissez dans le développement personnel et l'amélioration de votre personnalité, vous investissez également dans votre avenir et vous obtenez la confiance en soi et la force intérieure nécessaires pour réussir et vous épanouir.

Bien entendu, les priorités changent au fil du temps, aussi l'évaluation fréquente de vos objectifs et de vos priorités vous aidera-t-elle à vous faire une idée précise de ce que vous souhaitez faire et de la manière dont vous pouvez utiliser vos points forts pour en tirer le meilleur parti. Voici cinq recommandations pour vous aider à mieux vous comprendre et à vivre pleinement votre vie.

La positivité !

Une bonne attitude et de bonnes perspectives sont essentielles au développement et à la croissance personnels. Les expériences positives et négatives font partie de la vie, et nous devons apprendre de chacune d'elles. Par exemple, si vous avez tenté de lancer une petite entreprise et que vous avez terriblement échoué, vous ne devez pas vous décourager de réessayer. Vous devriez utiliser vos erreurs dans cette entreprise pour vous aider à réussir dans votre futur projet.

Comprendre le passé.

Le point précédent m'amène à celui-ci. Tirez les leçons de vos décisions passées pour vous améliorer à l'avenir. Si chaque action que nous entreprenons dans la vie aboutissait à la perfection, nous n'apprendrions rien, n'est-ce pas ? En effet, la vie serait plutôt ennuyeuse !

Je crois que l'échec est nécessaire à la réussite. Cela ne signifie pas forcément un échec total, mais faire des erreurs et en tirer des leçons fait partie intégrante d'une vie heureuse et du processus de développement personnel.

Chaque étape à son tour.

Prenez un objectif ou une entreprise à la fois et tirez-en des enseignements. Oui, le multitâche est un talent formidable, mais vous risquez de perdre votre intérêt, votre concentration et votre attention vers la fin. Le problème du multitâche est qu'il mène à l'épuisement si vous en faites trop.

Après avoir atteint un objectif ou une activité, passez à la suivante. Par exemple, si vous voulez apprendre la puissance du marketing des médias sociaux, vous devriez commencer par vous inscrire sur un site de réseau social.

Qu'il s'agisse de Facebook, Twitter ou LinkedIn, le fait d'apprendre d'abord à connaître un seul site peut vous aider à vous familiariser avec le monde des médias sociaux et à développer des contacts précieux qui pourront vous aider à apprendre les autres lorsque vous serez prêt.

Pensez aux autres.

Parfois, le développement personnel commence par le récit du développement d'un autre. Oui, vous lisez bien ! Tout le monde autour de nous a une histoire qui peut nous être utile. Consultez quelqu'un qui a ouvert une petite entreprise si vous aspirez à le faire.

Cette personne aura appris des erreurs courantes et vous guidera sur la bonne voie. Vous serez en mesure d'obtenir de nouvelles connaissances et des conseils utiles qui vous aideront à devenir le propriétaire de petite entreprise que vous aspirez à être.

Acceptez le changement à bras ouverts.

Lorsque vous changez, vous grandissez. C'est aussi simple que cela, et lorsque vous pouvez accepter le changement et vous y adapter, vous êtes sur la voie de la responsabilisation personnelle et de la réussite.

D'EXCELLENTES MÉTHODES POUR INVESTIR DANS VOUS-MÊME.

Si l'argent peut générer des revenus, le temps peut-il en faire autant ? On n'atteint 18, 28, 38, 48 et 58 ans qu'une seule fois. Faites-vous des investissements personnels ? N'oubliez pas que votre meilleur investissement est dans votre avenir.

Prenez-vous le temps de réfléchir à vos objectifs ?

Désirez-vous une promotion ?

Souhaitez-vous générer de nombreuses sources de revenus ?

Vous souhaitez lancer votre propre entreprise ?

Vous souhaitez vous mettre en forme ?

Souhaitez-vous un mode de vie plus sain ?

Une fois que vous savez ce que vous voulez et où vous en êtes, il est plus facile de déterminer où vous voulez aller. Il est temps de commencer à rédiger votre plan d'entreprise et de le mener à bien.

Pourquoi maintenant ?

Comme vous ne pouvez pas vous permettre de prendre des risques, vous n'êtes pas à l'abri d'une perte d'emploi, d'une récession, d'une inflation excessive ou d'un licenciement. Investir en vous-même est une excellente façon d'avoir un plan B si vous devez trouver de nouveaux moyens de payer vos factures et de maintenir votre style de vie. Si vous ne savez pas comment employer votre temps, les autres le feront probablement pour vous.

Cependant, il n'est pas trop tard ; voici six techniques pour se réinvestir :

1) Consommer de meilleurs aliments et faire de l'exercice pour être en forme - Santé / Forme physique.

La première chose dans laquelle vous devez investir est votre santé et votre forme physique. Sans elles, vous ne pourriez pas accomplir les autres tâches. Votre niveau d'énergie est principalement déterminé par la quantité d'exercice que vous faites et par ce que vous consommez.

Pour votre santé, adoptez un régime alimentaire composé d'aliments nutritifs et facilement accessibles. L'exercice ne vous rend pas plus sain que lorsque votre cerveau libère des hormones qui vous rendent alerte et de bonne humeur.

Vos récompenses pour la forme physique et la santé :

- Amélioration de la vitalité, de la force, de l'endurance, de la santé et de la condition physique.
- Se sent plus confiant avec une image corporelle plus favorable.
- Restez à l'écart des maladies.

2) Lire d'autres livres et assister à des séminaires/cours - Connaissances / Capacités.

"La connaissance, c'est le pouvoir" implique que la lecture de livres n'est pas une perte de temps ; par conséquent, arrêtez de regarder la télévision et commencez à lire. Lire plus de livres augmente vos connaissances et votre expertise.

"Améliorez vos talents" - Pour rester compétitif, vous devez rester un apprenant permanent. Forcez-vous à lire un livre par mois. Investissez en vous-même en vous inscrivant à des cours pour étudier une deuxième langue, en poursuivant une maîtrise ou une certification professionnelle, ou en rejoignant un séminaire ou une classe pour les personnes partageant les mêmes idées.

Votre compensation pour les connaissances / aptitudes :

- Améliorez votre créativité et produisez d'autres idées pour obtenir d'autres récompenses.
- Explorez et redécouvrez vos capacités concernant vos besoins et vos désirs.
- Confiant et compétitif dans d'autres aspects de la vie, vous pouvez être capable de faire plus que ce que vous faites actuellement.

3) Pour se sentir bien, faire plus d'actes de générosité et de méditation - Morale / Emotions.

Si vous croyez que plus vous donnez, plus vous recevrez, donnez un coup de main à une personne ayant besoin d'une aide financière ou professionnelle. Je suis sûr que vous vous sentirez fantastique et que vous recevrez plus que ce que vous offrez.

Non seulement vous vous sentez fantastique, mais vous vous faites aussi un ami pour la vie. Avez-vous envisagé de méditer 10 minutes par jour ? Si vous vous sentez émotionnellement perturbé ou stressé. La méditation est un moyen éprouvé de calmer l'esprit ; vous verrez les choses plus clairement après une séance.

Vos avantages pour l'éthique / les émotions :

- Soyez de bonne humeur la plupart du temps.
- Comprendre vos émotions et vous garder concentré sur vos objectifs.
- Cultivez une attitude joyeuse et soyez l'âme sœur que tout le monde désire avoir comme ami.

4) Passez du temps avec vos proches pour entretenir votre joie - Famille / Partenaire.

Tout en poursuivant avidement vos objectifs, vous pouvez parfois sentir que quelque chose se met en travers de votre chemin et vous en sentir horriblement mal. La négativité peut parfois être écrasante. Vous devriez éliminer toute cette négativité et vous recharger en positivité en passant du temps avec votre famille, car cela élimine la négativité et génère de la joie.

Récompenses pour votre famille / votre conjoint :

- Amélioration des relations entre la famille et le mari
- Grâce à une meilleure communication, une famille peut éviter les malentendus et se sentir plus unie.

5) Commencer les finances personnelles et l'investissement pour la richesse - Finances / Investissement

Éliminez vos dettes, commencez à organiser vos finances et créez un portefeuille d'investissements pour faire travailler votre argent. Consacrer un peu de temps chaque jour à vos finances vous rapportera énormément. Dans la société actuelle, il peut être difficile de maintenir une seule source de revenus ; il est donc important de produire plusieurs flux de revenus à partir d'idées novatrices.

Votre investissement / Rendement financier :

- Développer des habitudes de budgétisation et de dépenses prudentes.
- Restez à l'abri des dettes et utilisez vos centres d'intérêt pour créer plusieurs sources de revenus.
- Une plus grande intelligence financière mène à l'indépendance financière.

6) Réseautage et obtention d'une aide communautaire - Société / Communauté.

Le pouvoir d'un seul intellect est limité ; vous devez trouver d'autres personnes partageant les mêmes idées pour trouver force et soutien. Les relations avec les autres peuvent faciliter l'auto-amélioration en vous permettant de partager des perspectives et de recevoir des conseils/un soutien de la part de quelqu'un qui est déjà passé par là, ce qui vous permet d'éviter les pièges courants et de gagner du temps. Passer du temps avec des amis et des inconnus fera une différence significative dans la poursuite de vos objectifs.

Votre récompense pour votre contribution à la société / communauté :

- Évitez les erreurs fréquentes et obtenez des informations essentielles qui auraient pu vous échapper.
- Vous pouvez bénéficier d'un soutien émotionnel et d'une assistance si nécessaire grâce au mentorat et au masterminding.
- Améliorez vos compétences sociales et faites appel à vos amis pour vous soutenir et vous inspirer.

Les investissements peuvent faire ou défaire un individu en fonction de leur qualité. Il existe des lois générales en matière d'investissement qui peuvent être suivies pour réduire l'exposition de l'investisseur au risque. Ces lois ne sont pas infaillibles, mais elles constituent de bonnes suggestions pour protéger votre argent et vos investissements.

L'objectif final de l'investissement devrait être l'une des premières considérations des investisseurs. Un fonds de retraite est un choix pour le long terme, bien que l'argent pour des vacances en famille ou d'autres dépenses puisse nécessiter un investissement plus risqué comme les actions. Le fonds de retraite peut être aussi basique qu'un IRA, ou des CD cachés dans une banque pendant 20 ans puisque les fonds ne seront pas nécessaires immédiatement.

La diversification est un terme souvent utilisé par les investisseurs et les conseillers financiers pour une bonne raison. Lorsqu'il s'agit d'investir, l'adage "Ne mettez pas tous vos œufs dans le même panier" est tout à fait vrai. En diversifiant ses investissements, l'investisseur peut protéger l'ensemble de sa valeur nette si un ou plusieurs investissements échouent.

Par exemple, une personne qui investit uniquement dans des actions compte beaucoup sur le marché, non seulement pour maintenir la stabilité et la hausse, mais aussi pour ne jamais chuter. L'investisseur avisé sélectionne différents CD, actions, comptes de retraite et fonds communs de placement pour atteindre cet équilibre. Il est ainsi protégé en cas de défaillance de l'un de ses investissements.

Gardez une perspective d'objectif ; ne vous écartez pas de votre stratégie financière sous le coup de l'émotion. En réagissant de manière irréfléchie lorsqu'une nouvelle vous surprend ou que le marché recule légèrement pour la journée, vous risquez d'abandonner un investissement à long terme qui aurait été bénéfique.

Concentrez-vous sur l'objectif à long terme et tenez-vous-en à l'achat ou à la vente d'investissements lorsqu'ils atteignent une valeur déterminée plutôt que de fonder vos décisions sur les tendances ou les cicatrices quotidiennes.

L'une des règles les plus fondamentales de l'investissement consiste à tenir compte de l'impact des impôts et de l'inflation sur le résultat global. Les impôts se glissent dans la tête d'un investisseur parce qu'ils ne sont pas nombreux en une seule fois, comme dans le cas d'une baisse du marché, et s'ils ne sont pas surveillés de près, ils peuvent faire un trou important dans tout investissement.

Assurez-vous que les bénéfices générés sont suffisants pour payer les impôts et l'inflation et atteindre votre objectif d'investissement.

PARTIE 6 - DIVERSIFIÉ.

La diversification est un terme "intelligent" utilisé par certains conseillers financiers lorsqu'ils tentent de vous vendre les actions d'une société ou leur stratégie de surperformance du marché. Il est révélateur de l'arrogance ou de l'avarice, voire des deux.

La diversification est une approche éprouvée pour atténuer le risque d'investissement. La théorie moderne du portefeuille et les travaux de Harry Markowitz sont à l'origine de ce concept. Le bon sens veut que si votre patrimoine est concentré sur un petit nombre d'investissements, vous êtes confronté à un risque plus important que celui d'une personne dont le patrimoine est dispersé sur de nombreux investissements.

La réponse typique est : "Cette entreprise est la meilleure depuis que Thomas Edison a créé General

Electric." Elle dépassera Wal-Mart, Microsoft et IBM réunis.

Peut-être, mais on ne peut pas prédire l'avenir. Même si l'avenir d'une entreprise semble prometteur, il y a toujours un risque.

- Le produit que vous pensiez être un succès échoue sur le marché.

- Le fondateur a eu une crise cardiaque et est mort.

- Un acte de terrorisme détruit le siège mondial de l'entreprise.

- Le vice-président du marketing a peut-être vendu des narcotiques contrôlés.

- Une agence gouvernementale conclut que la société a violé la loi.

- L'entreprise fait l'objet d'une action collective massive.

- Le gouvernement central américain saisit la principale usine de fabrication de l'entreprise.

Les possibilités sont infinies. Quelles que soient les perspectives à long terme d'une entreprise, il est pratiquement inévitable qu'elle rencontre des difficultés. Vous ne saurez vraiment si elle est le prochain Wal-Mart ou McDonald's que lorsque vous verrez si elle résout ou non ces difficultés. Et ainsi de suite.

Le risque non systémique ou idiosyncrasique est le risque associé à l'investissement dans une seule entreprise et à la confiance dans sa survie et sa croissance malgré ses difficultés.

Avec l'introduction du véhicule, toutes les entreprises de buggy à cheval ont échoué, quelle que soit la qualité de la gestion. Par conséquent, l'option logique est d'investir dans deux entreprises. Si l'une échoue, l'autre a toutes les chances de réussir. Cependant, il y a toujours une forte possibilité que les deux entreprises échouent. Cela est particulièrement vrai si leurs secteurs d'activité sont similaires.

Par conséquent, investir dans différentes entreprises dans divers domaines est la solution logique.

La théorie moderne du portefeuille a montré qu'investir dans vingt entreprises de divers secteurs minimise environ 90 % du risque non systémique. Investir dans trente entreprises élimine tout risque systémique.

Cela signifie que votre seul risque est ce que l'on appelle le "risque de marché", c'est-à-dire la possibilité que les 30 entreprises baissent en raison de variables macroéconomiques telles que des taux d'intérêt élevés ou une récession mondiale.

Cependant, le revers de la médaille de la réduction du risque hors marché est l'élimination des GAINS hors marché. Ainsi, lorsque vous avez trente actions ou plus, vous ne perdrez pas plus que le marché dans son ensemble, mais votre portefeuille ne gagnera pas non plus plus plus plus que le marché.

Une poignée de vos trente actions vont augmenter de manière significative, la plupart auront une performance moyenne et quelques-unes vont baisser. Par conséquent, la moyenne sera relativement similaire à celle du marché.

Pensez maintenant aux fonds communs de placement gérés activement. La plupart d'entre eux détiennent des actions dans trente sociétés ou plus. La plupart ne surperforment pas le marché. Ils ne conservent pas les actions qu'ils sélectionnent. Ils en vendent certaines, ce qui vous oblige à payer des impôts sur les gagnants, et en achètent d'autres, ce qui entraîne des frais de transaction.

Sans compter que vous payez le salaire de votre gestionnaire de fonds et les autres frais administratifs, qui peuvent être peu élevés (Vanguard, par exemple) ou coûteux (la plupart des familles de fonds communs de placement).

La conclusion évidente est que vous avez le choix entre éliminer le risque non systémique en achetant et en détenant un panier d'une trentaine d'actions sur votre compte de courtage (PAS un fonds commun de placement, où la gestion active vous coûtera des frais de transaction et de gestion, ainsi que des impôts sur les plus-values) ou prendre le risque de choisir quelques entreprises dont vous êtes sûr qu'elles vont monter en flèche et croiser les doigts.

(Une stratégie simple pour surpasser le marché consiste à investir dans un fonds commun de placement indiciel, tel que le fonds indiciel S & P 500 de Vanguard. Ainsi, vous serez assuré d'égaler le marché, ce qui est supérieur à 90 % des fonds communs de placement gérés activement).

Les analystes boursiers n'aiment pas ça.

Il s'agit notamment de gestionnaires de fonds communs de placement, de gestionnaires de portefeuilles, de courtiers, de rédacteurs de bulletins d'information et d'analystes financiers qui tentent de vous offrir leurs services pour prédire quelles entreprises vont bien se porter.

Ils aiment rechercher des entreprises qui semblent être sur la voie du succès, et ils les trouvent souvent. Si vous investissez la totalité de votre portefeuille dans une seule entreprise et que celle-ci double ou triple rapidement sa valeur, vous avez surperformé le marché.

En revanche, si tout votre argent est investi dans une ou un petit nombre d'entreprises, vous êtes exposé à ce risque non systémique. Si l'entreprise n'atteint pas les résultats prévus par le conseiller, votre portefeuille s'effondre.

Mais il est certain qu'il existe des raisons légitimes pour lesquelles certaines entreprises réussissent et d'autres échouent, et si vous pouvez isoler ces causes, vous pouvez acheter les actions qui ont le plus de chances de réussir et éviter celles qui ont le plus de chances d'échouer.

Cette question a fait l'objet de recherches approfondies et il existe des repères qui vous permettent d'identifier les entreprises les plus susceptibles d'être des investissements fructueux.

Les prix de toutes les actions sur le marché peuvent chuter précipitamment, comme ce fut le cas en 1929. C'est pourquoi vous devez diversifier les catégories d'actifs, ce que l'on appelle communément la répartition des actifs. Idéalement, tout le monde devrait posséder un peu d'actions, un peu de liquidités (marchés monétaires ou certificats de dépôt), un peu d'immobilier (autre que sa résidence principale) et des obligations.

Dans un monde idéal, vous ne devriez pas seulement détenir des investissements dans votre pays d'origine, mais aussi des actions, des liquidités, des biens immobiliers et des obligations sur chaque continent (à l'exception de l'Antarctique, pour l'instant !). Cela élargit votre exposition aux économies et aux devises nationales et régionales.

Par conséquent, chaque fois que vous entendez quelqu'un tourner en dérision la diversification en l'appelant "diversification" (comme c'est mignon !), je parierais (pas tout mon argent, mais une partie) qu'il s'agit d'un courtier ou d'un autre conseiller qui essaie de vous vendre une société spécifique ou un conseiller qui essaie de vous vendre sa méthode pour sélectionner des actions gagnantes.

POURQUOI LA DIVERSIFICATION EST-ELLE IMPORTANTE POUR VOTRE PORTEFEUILLE ?

Un investisseur prudent évalue régulièrement les placements de son portefeuille. Compte tenu de la volatilité des marchés, il est essentiel de diversifier ses investissements, notamment en actions, car placer tout son argent dans une seule action serait très risqué.

Dans ce contexte, les œufs font référence aux actions, et si un investisseur place tous ses œufs dans le même panier (industrie/secteur), il prend un risque important. Il pourrait subir des pertes importantes si le secteur choisi s'effondre. L'expression "Ne mettez pas tous les œufs dans le même panier" est probablement dérivée de cette expérience.

J'aimerais également illustrer cela par un exemple récent en Inde. En raison de différentes circonstances, le secteur de l'aviation a connu une forte désaffection et une grande volatilité en 2016, ce qui a eu un effet domino sur les actions des compagnies aériennes.

Si une part importante du portefeuille d'un investisseur est constituée d'actions de compagnies aériennes, il aura du mal à s'en sortir car la volatilité de l'ensemble du secteur aura fait chuter considérablement le prix des actions.

Si l'investisseur avait été un peu plus astucieux, s'il avait tiré des indices de ce qui se passait dans ses actions et s'il avait réévalué la composition de son portefeuille, il aurait pu procéder à des ajustements avant de subir d'autres pertes.

Diversifier son portefeuille réduit le risque de perte, notamment lorsque la valeur des actions varie en raison de la volatilité du marché dans un secteur spécifique. Dans l'idéal, l'investisseur devrait investir dans un large éventail de sociétés appartenant à certains secteurs d'activité et effectuer des ajouts et des retraits d'actions après les avoir analysées périodiquement.

Par conséquent, dans l'exemple précédent, si l'investisseur avait réparti son risque sur d'autres entreprises plutôt que de se concentrer sur le secteur de l'aviation, il aurait probablement gagné ou subi des pertes beaucoup moins importantes.

D'innombrables investisseurs ont commis la même erreur que celle décrite ci-dessus, à savoir investir massivement dans une seule société ou action en espérant qu'elle obtiendra des résultats exceptionnels à court ou à long terme. Si un investisseur a des connaissances limitées en matière de diversification de son portefeuille, il serait judicieux de demander conseil à un planificateur financier.

Un planificateur financier d'une source réputée de services financiers sera en mesure de mieux comprendre vos investissements actuels et de créer une feuille de route pratique pour atteindre vos objectifs financiers dans un délai précis.

En outre, un planificateur financier ayant suivi une formation en conseil financier sera en mesure de vous proposer davantage de possibilités de fonds d'investissement. Historiquement, seuls les particuliers fortunés (HNI) et les particuliers très fortunés (super HNI) pouvaient s'offrir les services d'un planificateur financier.

Toutefois, au cours des cinq dernières années, les investisseurs ont réalisé que les frais facturés par le bon conseiller financier sont négligeables s'il peut les guider dans l'affinement de leur portefeuille en vue d'atteindre leurs objectifs financiers.

La diversification d'un portefeuille est nécessaire à la constitution d'un patrimoine. Par conséquent, si votre portefeuille se compose principalement d'actions d'une seule entreprise ou d'un seul secteur d'activité, vous devez le diversifier dans votre intérêt.

La diversification des avoirs et l'investisseur novice.

Il est conseillé de faire des choix importants et d'opter pour un portefeuille bien diversifié, même si le portefeuille est assez petit. Il serait insensé d'essayer de transmettre l'art complet de la gestion de portefeuille (surtout si l'on considère que les marchés changent instantanément et que même les gestionnaires de portefeuille les plus chevronnés ne parviennent pas à les battre).

Une deuxième raison pour laquelle cet argument n'est pas pertinent est qu'il n'y a pas de règles ni de décisions "sûres" lorsqu'on essaie de battre les marchés. Cependant, des supports sont disponibles pour aider les investisseurs à maintenir leur équilibre en période de turbulence. La diversification est la notion la plus fondamentale et, probablement, la plus essentielle au maintien d'un bon portefeuille, ce qui constitue l'objet principal de cette section.

La diversification consiste à réduire le risque en détenant un portefeuille diversifié de titres. Il existe deux types de risque de portefeuille : le risque systématique, quel que soit le degré de diversification, et le risque non systématique, que la diversification peut éviter.

Cette section portera principalement sur le risque qu'un portefeuille diversifié d'actifs peut atténuer. Ce phénomène est associé à la relation entre les titres, quantifiée par le coefficient de corrélation. Ce dernier peut sembler effrayant, mais il s'agit simplement du mouvement des actions d'un portefeuille les unes par rapport aux autres.

Par exemple, si un portefeuille est composé de deux sociétés et que l'une s'améliore de 10 points tandis que l'autre diminue de 10 points, on dit que ces deux titres sont liés négativement ou ont une corrélation de -1. Si leurs tendances sont identiques et qu'elles évoluent en tandem de 10 points, on dit que les deux titres sont liés positivement ou ont une corrélation de +1.

En utilisant cette approche comme base, considérons un investisseur qui a investi à parts égales dans deux actions General Motors et Ford. Étant donné que General Motors et Ford sont des constructeurs automobiles américains, il est fort probable que si l'une des actions baisse, l'autre suivra rapidement.

Comme on peut s'y attendre, si les ventes d'automobiles diminuent, davantage de personnes commenceront à utiliser les transports publics, ce qui générera des revenus pour le secteur des bus. Il s'agit d'un exemple d'actifs positivement corrélés ; comme on peut le voir, détenir les deux sociétés est assez dangereux. Il serait plus sage d'investir la moitié dans Ford et le reste dans une entreprise de bus.

Cet exemple de corrélation négative montre comment la diversification des titres d'un portefeuille peut réduire son risque total. Si les actions de la compagnie de bus et celles de Ford sont négativement liées, la perte de l'une sera compensée par la hausse de l'autre.

On pourrait se demander pourquoi le portefeuille ne peut être équilibré que si les deux titres s'annulent. Ce serait le cas si les investissements étaient liés négativement ; cependant, la probabilité que les titres évoluent en tandem est assez faible dans la pratique.

Ainsi, la diversification sera avantageuse si la corrélation entre les investissements est comprise entre 0 et -1. Les avantages de la diversification sont plus probables si les placements de votre portefeuille n'ont pas tendance à évoluer ensemble, historiquement ou dans le prospectus.

Il existe de nombreux cas dans l'histoire où ce principe a été regrettablement ignoré. Pourtant, il faut d'abord se demander "Où se trouve l'argent de ma retraite ?" et "Dans quels autres placements se trouve l'argent de ma retraite ?".

L'importance de ces questions découle du fait qu'à la fin des années 1990, une entreprise du nom d'Enron a connu des difficultés financières, obligeant des milliers de personnes à perdre leurs investissements. Les pertes ont été sévères mais gérables pour ceux qui avaient la chance de se diversifier.

Ceux qui détenaient exclusivement des titres d'Enron et qui comptaient fortement sur eux pour leur retraite ont tout perdu. Investir uniquement dans la société pour laquelle l'investisseur travaille est une erreur courante commise par les investisseurs inexpérimentés, qui ne reconnaissent pas qu'ils sont également des gestionnaires de portefeuille et qu'ils doivent couvrir activement leurs risques.

La diversification doit être envisagée pour toutes sortes de titres, et pas seulement pour les actions. Le maintien d'un portefeuille équilibré composé de biens immobiliers, d'obligations, de petites et grandes actions et de bons du Trésor peut faire la différence entre des pertes importantes et des gains spectaculaires.

Des études indiquent que les gestionnaires de fonds professionnels ne sont pas plus performants que l'investisseur type, malgré des décennies d'efforts pour obtenir un rendement constant supérieur à celui du marché. Cela justifie d'autant plus la détention d'un portefeuille diversifié.

Lorsqu'un investisseur achète une action, il ne connaît pas son cours 24 heures plus tard. Avec un peu de chance, il a fait des recherches sur l'investissement pour s'assurer qu'il s'agissait d'un bon achat, mais il est impossible de prévoir où l'investissement clôturera le jour suivant.

En utilisant la diversification comme soutien, les gestionnaires de titres inexpérimentés peuvent réduire la plupart des risques liés à ces changements imprévus, diminuant ainsi l'impact de nos pertes et nous aidant à devenir des investisseurs plus performants.

L'IMPORTANCE DE LA DIVERSIFICATION POUR LA CRÉATION DE RICHESSE.

Vous avez probablement entendu l'expression "ne mettez pas tous vos œufs dans le même panier". En matière d'investissements, vous ne mettez pas tous vos œufs dans le même panier. Ce chapitre examine les différents "paniers" d'investissement et présente notre stratégie de diversification.

Tout le monde a peur des pertes financières. Nous ne souhaitons pas faire des choix financiers qui entraînent une perte de capital. La diversification réduit la probabilité que cela se produise.

Certains investissements ont le potentiel de générer des bénéfices plus importants, mais ils comportent également des risques plus élevés à court terme. D'autres investissements génèrent des rendements plus faibles mais plus stables.

La diversification a pour but de fournir des rendements d'investissement plus réguliers et plus constants dans le temps.

1 : Investissez en fonction de votre horizon temporel.

Lorsque nous vous rencontrons, nous passons beaucoup de temps à nous renseigner sur vos objectifs. Toute stratégie d'investissement que nous proposons doit vous convenir et vous donner toutes les chances d'atteindre vos besoins et vos objectifs.

Si vous avez des objectifs financiers à court terme (moins de trois ans), nous vous recommandons des placements en espèces tels que des comptes bancaires et des dépôts à terme. Bien que ces placements ne génèrent pas nécessairement des rendements substantiels, votre capital restera stable.

Si vos objectifs sont à plus long terme, vous pouvez incorporer des investissements, tels que des actions et des biens immobiliers, qui ont le potentiel de fournir des rendements plus élevés au fil du temps. Vous n'investiriez pas dans des actions pendant un an, car c'est trop risqué. En revanche, placer tout votre argent en liquide pendant une décennie est tout aussi dangereux, car il ne suivrait guère l'inflation après déduction des impôts.

En fonction de votre horizon temporel, vous pouvez investir une partie de vos fonds dans des actifs de croissance pour obtenir des rendements plus élevés.

2 - Différents œufs dans différents paniers.

Il est dangereux d'investir tout son argent dans un seul bien ou une seule action. Vous pourriez obtenir des rendements substantiels en cas de bonnes performances, mais qu'en est-il en cas d'échec ?

Une bonne diversification implique d'investir dans différentes catégories d'actifs, notamment les actions, l'immobilier, les titres à revenu fixe et les liquidités. La quantité que vous investissez dans chaque secteur dépend de vos objectifs et du niveau de risque que vous êtes prêt à accepter pour atteindre le rendement souhaité.

Au fil du temps, vous constaterez que les différentes classes d'actifs se portent bien à différentes périodes de l'année.

3 : Prendre aux bons et donner aux mauvais.

Nous pensons que le rééquilibrage de votre portefeuille est essentiel.

Considérez la recommandation selon laquelle vous investissez environ 30 % de votre portefeuille dans des actions australiennes. Environ 35 % de votre portefeuille est composé d'actions australiennes, qui devraient générer des rendements exceptionnels au cours de l'année à venir. Si les actions australiennes représentent 5 % de plus de votre portefeuille qu'auparavant, les autres secteurs seront sous-alloués.

Ce n'est pas facile à réaliser lorsque les choses vont bien. Il est possible que, si les actions australiennes enregistrent une forte performance l'année suivante, vous regretterez d'avoir vendu à la baisse l'année dernière. En revanche, si la valeur de ce secteur diminue, vous apprécierez les conseils que nous vous avons prodigués et la discipline dont vous avez fait preuve en respectant la répartition d'actifs recommandée.

En revanche, lorsque les actions australiennes connaissent une année difficile et baissent, nous recommanderons de transférer les fonds des secteurs ayant obtenu de meilleures performances vers les actions australiennes.

4 - Utilisez divers modèles d'investissement.

La pension de retraite est l'instrument financier le plus approprié pour de nombreux individus lorsqu'ils épargnent pour leur retraite. Cependant, plus vous êtes loin de la retraite, plus la probabilité que les règles de la pension changent est grande.

Peut-être le changement ne sera-t-il pas important, mais nous pensons qu'il est dangereux de prendre des décisions importantes en partant du principe que les lois d'aujourd'hui s'appliqueront toujours lorsque vous prendrez votre retraite dans 10 ans.

Nous vous proposons de diversifier vos placements à travers plusieurs véhicules d'investissement. Nous privilégions la pension de retraite comme principal véhicule d'épargne-retraite, mais nous recommandons également les fonds gérés et les comptes bancaires.

Si les règles changent, vous n'avez pas placé tous vos œufs dans le même panier.

5 - Ne vous concentrez pas sur un seul investissement.

Concentrer votre accumulation de richesse sur un seul investissement est risqué. J'ai vu des gens qui n'avaient qu'un seul immeuble de placement et un prêt hypothécaire important se débattre lorsqu'ils n'arrivaient pas à trouver de locataires pendant six mois.

Il m'est arrivé que des clients détenant des participations importantes dans une seule entreprise (par le biais d'un plan d'actionnariat salarié) voient leur patrimoine diminuer de 40 % en quelques semaines en raison de la baisse du cours de l'action de cette société.

Alors, répartissez vos œufs.

Supposons que vous ayez de l'argent investi dans cinq actions différentes. Si l'une de ces entreprises fait faillite, vous perdrez 20 % de votre argent. Et si cet argent était investi dans cent entreprises, dont l'une échoue ? Vous ne perdriez que 1 % de votre capital.

6 : N'oubliez pas les crayons.

Pour illustrer une dernière fois l'importance de la diversification, considérons le cas suivant.

Imaginez que vous tenez un crayon en plomb. Il est possible de le plier et de le casser, même si cela demande un certain effort.

Maintenant, prenez et rassemblez vingt crayons dans vos mains. Essayez de les plier et de les casser, mais vous ne pouvez pas.

DIVERSIFIEZ-VOUS SUFFISAMMENT VOS INVESTISSEMENTS ?

Le principe qui sous-tend ce conseil est que si vous investissez dans plusieurs types d'actifs et que l'un d'entre eux baisse, les autres peuvent augmenter, ce qui se traduit par un rendement plus stable ou moins volatil au fil du temps.

Le principe sous-jacent est que les investissements que vous achetez sont distincts et se compenseront mutuellement dans toutes les conditions de marché. La plupart des publications traitent des actions, des obligations et éventuellement de l'immobilier comme des investissements, mais cela englobe-t-il tous les moyens viables d'accumuler de la richesse ?

Quels défis cette stratégie présente-t-elle ?

4) La diversification au sens classique du terme est efficace dans 99,9 % des cas, mais ce 1 % est de plus en plus répandu et les stratégies standard de prévention des pertes peuvent ne plus être efficaces.

La diversification dépend 1) de l'équilibre entre les ordres d'achat et de vente, 2) du degré d'interconnexion au sein des marchés en question, et 3) du facteur systématique d'émission de monnaie en conjonction avec l'effet de levier, qui peut tromper la capacité de l'acheteur et du vendeur (ou du marché) à s'entendre sur les prix.

1. Un acheteur ou un vendeur sera toujours disponible pour réaliser une transaction dans un marché équilibré.

Vous devrez réduire le prix de l'investissement que vous vendez si personne n'est intéressé, mais la transaction sera tout de même réalisée à un prix stable. Si personne n'en veut, vous ne pouvez pas le vendre et conclure la transaction ; par conséquent, votre investissement n'aura aucune valeur.

Ce phénomène se produit lorsqu'un marché s'effondre - tout le monde veut vendre ses positions simultanément, et personne n'achète, ce qui entraîne une chute rapide des prix. Dans ce cas, le marché serait déséquilibré, et la diversification ne réduirait la volatilité que sur les marchés qui ne sont pas déséquilibrés.

2. L'interconnexion est le degré d'interconnexion des marchés.

Ce concept peut être appréhendé en commençant par le climat d'investissement local. Si vous achetez des obligations canadiennes, elles seront toutes affectées par les mêmes variables, notamment les taux d'intérêt canadiens, l'environnement politique, l'économie et la réglementation.

Certains facteurs affectent les actions et les obligations canadiennes, mais pas de la même manière. Par exemple, une hausse des taux d'intérêt a un impact direct sur le prix des obligations en raison de la loi des intérêts composés et de la règle de l'arbitrage (les marchés ajusteront le prix de quelque chose jusqu'à ce que tous les instruments possibles aient le même prix ou un prix équivalent).

L'achat d'actions et d'obligations canadiennes et américaines réduira encore le nombre d'éléments communs. Plus on achète d'investissements à l'échelle mondiale, moins il y a d'éléments communs, car certaines économies vont prospérer et d'autres vont décliner.

Le cycle économique, les taux d'intérêt, les devises, les habitudes de consommation, le commerce et la réglementation de chaque pays sont si différents que les investissements évoluent généralement dans des directions opposées. La diversification est efficace en raison des variations des climats de marché.
Que se passerait-il si toutes les économies étaient interconnectées ?

Et si tous les taux d'intérêt du monde étaient interconnectés ?

Et si toutes les économies connaissaient une expansion et une contraction simultanées ? La diversification :

Cela ferait-il une différence ?

Toutes les actions que vous possédez fonctionneraient comme une seule unité. Si tous les moteurs sous-jacents évoluaient à l'unisson, le marché obligataire mondial réagirait de manière identique. S'il y avait un scénario où les individus vendaient tout par peur, tout baisserait simultanément.

Y a-t-il des liens entre eux ?

Comment la crise de la zone euro de 2011 a-t-elle affecté nos portefeuilles au Canada ?

La Chine, le Japon, le Brésil et la Russie ont été touchés par cette crise.

Qu'en est-il du marché obligataire islandais ou d'une banque irlandaise ? Tous ces événements ont eu un impact sur nos investissements.

Comment ? Grâce à la technologie, au couplage des économies mondiales par le biais d'accords commerciaux, au partage mondial de la main-d'œuvre par le biais de l'externalisation, à l'uniformisation mondiale des prix des produits de base et aux produits dérivés qui peuvent être vendus n'importe où et avoir un impact, les économies du monde sont interdépendantes.

Comme les produits dérivés peuvent être liés à n'importe quel investissement, le risque de contrepartie ou le risque que les parties impliquées ne paient pas leurs mises joue un rôle important dans la connexion des marchés.

Si, par exemple, une banque européenne en bonne santé investit dans des hypothèques américaines de mauvaise qualité, elle sera lésée de la même manière que les banques américaines, même si les opérations de la banque européenne n'ont pas changé. L'année 2008 vous rappelle-t-elle quelque chose ? Alors, que peut apporter la diversification si l'économie mondiale est une seule et même entité massive ?

La diversification est bénéfique dans un "marché normal" où les forces d'achat et de vente sont équilibrées et où les prix ne fluctuent pas excessivement. En vendant, vous pourriez obtenir un prix constant.

Il en sera de même si vous souhaitez acheter. Il y aurait suffisamment de désaccords pour que le marché fonctionne. Ce ne sera pas le cas si tout le monde a peur et que le marché est déséquilibré.

3. La troisième hypothèse est la combinaison de l'émission de monnaie et de l'effet de levier.

S'il y avait un million d'actions d'une petite entreprise minière, valant chacune 2 $, la valeur totale des actions échangées serait de 2 millions de dollars.

Que se passerait-il si un individu possédant 10 millions de dollars commençait à acheter des actions pour dépenser la totalité de la somme ?

Le prix des actions augmenterait. Non seulement cela, mais si chaque actionnaire vendait ses actions à cet individu, il serait en mesure de fixer lui-même le prix.

S'il souhaite payer 5 dollars par action, le prix des actions sera de 5 dollars par action. S'il choisissait 10 $ par action, le coût serait de 10 $. Supposons que seule une petite partie des actionnaires initiaux vendent leurs actions. Si 100 000 actions étaient vendues à 10 $ chacune, un million de dollars seulement serait dépensé.

Cet individu dispose de 9 millions de dollars à dépenser. Si les actionnaires initiaux s'accrochent à d'autres hausses de prix, les 9 millions de dollars restants pourraient continuer à faire monter les prix. Puisque "beaucoup d'argent poursuit un nombre déterminé d'actions", le prix initial de 1 $ par action peut être multiplié par un montant important.

Notez qu'aucun autre facteur, tel que le secteur, l'économie, les fondamentaux de l'entreprise, la direction ou les réglementations, n'est pris en compte pour déterminer le cours de l'action - pas même les indications techniques telles que l'historique des cours ou les indicateurs cours-volume.

Le prix augmente parce qu'une grande quantité d'argent achète des actions. C'est ainsi que fonctionnent les escroqueries de type "pump-and-dump". Aucune technique de vente agressive n'est utilisée pour inciter les particuliers à acheter des actions, et aucun retrait rapide des fonds des spéculateurs ne déclenche le krach qui s'ensuit.

Quel est le but de ce récit ?

Un schéma similaire se dessine lorsqu'on examine l'ensemble du marché boursier et les origines du capital. La Réserve fédérale et la Banque centrale européenne "impriment de l'argent" ou émettent de nouvelles dettes importantes. Toute la dette nouvellement émise doit entrer dans le système financier ; sinon, elle ne sera pas émise. Qu'arrivera-t-il aux prix des actions si 1 000 milliards de dollars sont imprimés et placés sur le marché boursier ?

Comme cette quantité d'argent est si énorme, elle éclipsera tous les autres indicateurs et provoquera une hausse des prix parce que tant d'argent poursuit les actions. Cela s'applique à tous les marchés, y compris les obligations, les matières premières et les produits dérivés, et cela fonctionnerait également en sens inverse si des quantités équivalentes d'argent étaient retirées d'un marché.

Lorsque ces banques centrales émettent de l'argent, celui-ci est multiplié par un facteur de plusieurs, de sorte que l'impact est considérablement plus important que ne le montrent les chiffres. À titre d'illustration, si 1 000 milliards de dollars d'argent frais étaient libérés sous forme de nouvelles dettes, l'effet de levier pourrait générer 10 000 milliards de dollars de nouveaux contrats dérivés.

En juin 2011, l'industrie des produits dérivés devrait valoir 700 TRILLIONS de dollars. À titre de comparaison, le marché mondial des actions s'élevait à environ 50 000 milliards de dollars en avril 2011, le marché obligataire à plus de 90 000 milliards de dollars en décembre 2010 et le produit intérieur brut mondial à 60 000 milliards de dollars.

Si vous vous souvenez du précédent conte sur les actions, la citation était la suivante : "beaucoup d'argent poursuit un nombre déterminé d'actions". Ces deux situations sont comparables car le phénomène sous-jacent est identique. Cela signifie que les produits dérivés peuvent avoir un impact significatif sur d'autres marchés et influencer la direction des prix, tout comme dans l'exemple boursier précédent.

Solutions :

Dans cette situation, que doit faire une personne ? Il faut continuer à utiliser les méthodes traditionnelles de diversification, mais en les élargissant. La plupart des investisseurs ont d'abord acheté des obligations, puis des actions canadiennes, des actions américaines, des actions mondiales, des dettes mondiales, des matières premières et des produits dérivés.

Il est optimal d'acheter une combinaison de ces actifs qui n'ont pas une forte corrélation ou qui ne réagissent pas de la même manière aux événements du marché. Si ces outils sont interconnectés, où pourriez-vous vous diversifier ensuite ?

Par le passé, la clé pour maximiser les avantages de la diversification consistait à élargir continuellement votre éventail d'opportunités pour inclure des investissements de plus en plus inhabituels. Ironiquement, le moyen de diversifier davantage est de revenir aux fondamentaux.

Pourquoi ? Les fondamentaux ne sont pas aussi interdépendants que les investissements typiques ; si une catastrophe se produit, les fondamentaux seront toujours recherchés ou consommés.

Que sont les fondamentaux ?

L'encaisse serait la première. Il n'augmente ou ne diminue pas avec les fluctuations du marché jusqu'à ce qu'il y ait une inflation importante ou que la valeur de la monnaie soit modifiée par une dévaluation ou une autre modification.

Détenir de l'argent liquide vous permet également d'acheter un article à un prix réduit, ce qui diminue votre risque par rapport à l'achat à un prix plus élevé. L'or et l'argent sont les monnaies du monde. L'idée suivante est donc de posséder différents types d'argent liquide. Dans le passé, ceux-ci ont été utilisés comme monnaie, et cela pourrait se reproduire à l'avenir.

On peut y investir par le biais d'actions en or et de métaux réels. Si vous disposez des connaissances et des ressources nécessaires, il peut être intéressant d'envisager l'achat de terrains à des fins diverses, telles que la location, la production d'énergie, la production alimentaire ou le développement futur.

La question suivante est : "qu'est-ce que l'argent achète ?" Pourquoi en ai-je besoin ? Si vous obtenez des articles immédiatement, vous n'avez pas besoin d'argent. C'est là que le troc et l'autoproduction peuvent être envisagés. Ce concept est étendu par le biais du troc communautaire, de l'argent et de la localisation de la production chaque fois que cela est possible. Il s'agit de créer des articles directement en équipe, plutôt qu'individuellement.

Dès lors qu'elle répond aux normes du commerce - elle stocke de la valeur, elle est cohérente, facilement disponible, standardisée et tous ceux qui l'utilisent la considèrent comme précieuse - n'importe quoi peut être utilisé comme monnaie. Le lancement d'une entreprise et l'établissement d'un réseau commercial pourraient être une extension de ce concept.

L'avenir de la diversification sera fondé sur l'innovation et sur une économie qui permet aux gens de réussir grâce à l'innovation. La diversification est une notion merveilleuse, mais elle doit être élargie pour garantir son efficacité dans la mesure du possible.

LA PRUDENCE EN MATIÈRE D'INVESTISSEMENT GRÂCE À LA DIVERSIFICATION DU PORTEFEUILLE.

La diversification, c'est s'il existe un principe d'investissement intemporel qui surpasse tous les autres, parmi les meilleurs. Si vous demandez à cent personnes prises au hasard dans la rue de définir la diversification, vous obtiendrez probablement 100 réponses uniques. Pour que tout le monde soit sur la même longueur d'onde, il est essentiel d'établir des définitions claires dès le départ.

La diversification ne consiste pas à obtenir des "rendements plus élevés", comme le veut un malentendu fréquent. La diversification vise avant tout à limiter les risques, et non à maximiser les rendements. Les deux ne s'excluent pas mutuellement, mais il va de soi que vous avez plus de chances d'obtenir un meilleur retour sur investissement si vous êtes prêt à assumer un plus grand risque.

La diversification est une approche fondamentale de la gestion de l'argent qui doit être effectuée pour atteindre vos objectifs financiers à long terme tout en limitant le risque, même si elle ne garantit pas contre les pertes.

Supposons que vous examiniez les modèles d'investissement des familles et leur richesse qui a perduré sur plusieurs générations. Dans ce cas, vous vous rendrez compte que la diversification a une signification beaucoup plus profonde pour les personnes qui souhaitent réussir dans tous les environnements économiques et politiques imaginables.

L'objectif de cette section est d'examiner les facteurs les plus essentiels pour parvenir à une véritable diversification du portefeuille.

Le terme "portefeuille" désigne généralement l'ensemble des investissements d'un individu. Votre portefeuille couvre toute votre vie, et nous avons tendance à oublier qu'il est plus qu'un simple reflet de ce que nous mettons directement dans les actifs de retraite.

Pour mieux comprendre votre portefeuille, il peut être utile de le considérer comme une représentation de votre valeur nette. En examinant votre portefeuille sous cet angle, vous pouvez déterminer quels actifs sont sous- ou sur-alloués et planifier en conséquence.

La connaissance et l'expertise sont les choses les plus précieuses que vous puissiez posséder, et une chose que j'ai observée au fil des ans, c'est que trop de personnes adhèrent au rêve du revenu passif sans comprendre le processus.

Le développement de nombreux flux de revenus passifs ne se fait pas rapidement. Même si nous nous efforçons d'accroître notre patrimoine de manière passive, il faut néanmoins faire preuve d'initiative et d'une solide technique de gestion financière.

"Ne jamais mettre tous ses œufs dans le même panier" - Vous avez entendu cet adage plein de bon sens à plusieurs reprises au cours de votre vie. Cependant, cette règle d'or de l'investissement est souvent mal interprétée.

Même si le concept de disposer d'un "panier" bien diversifié d'investissements dans de nombreuses classes d'actifs financiers et d'entreprises pour limiter l'exposition au risque semble intuitif, de nombreux investisseurs n'y adhèrent pas correctement.

Certains investisseurs ne comprennent pas ce que signifie avoir un portefeuille diversifié, tandis que d'autres l'ignorent.

Comme vous êtes sur le point de le découvrir, la diversification ne se résume pas à la sélection de quelques véhicules d'investissement "prêts à l'emploi", au dépôt de fonds et au transfert du contrôle à quelqu'un d'autre.

La diversification des marchés, la répartition des actifs et la gestion des risques constituent les piliers d'un investissement à long terme réussi.

Comme tout conseiller financier ou toute personne dotée d'un minimum de bon sens vous le dira, la meilleure stratégie pour protéger votre portefeuille consiste à répartir votre capital-risque sur plusieurs classes d'actifs et types d'investissement.

Ainsi, vous pouvez réduire la probabilité qu'un seul investissement ou une seule classe d'actifs détruise la performance globale de votre portefeuille.

Ces types d'actifs se composent généralement de différentes actions, obligations, certificats de dépôt et fonds communs de placement.

Franchement, j'ai des scrupules chaque fois que j'entends des investisseurs bien intentionnés - ceux qui n'ont fait que jouer la sécurité toute leur vie -

suggérer que tout le monde devrait se "couvrir" contre un krach boursier, une attaque terroriste ou une catastrophe naturelle en garnissant son portefeuille de retraite de CD bancaires ou de bons du Trésor à faible rendement qui bloquent leur argent pendant 5 à 10 ans.

Non seulement ces investissements vous permettront à peine de suivre l'inflation (la taxe invisible), mais lorsque la majeure partie de votre portefeuille d'investissement est constituée de classes d'actifs fortement corrélées, votre risque global peut augmenter de façon spectaculaire.

Méthodologie d'investissement.

De nombreuses personnes ont des ambitions. Il leur manque simplement le plan pour atteindre leurs objectifs. Un proverbe dit : "Si vous ne planifiez pas, vous planifiez d'échouer."

Alors que la plupart des personnes raisonnables ne se rendraient pas dans un endroit inconnu sans carte routière ni instructions, beaucoup trop d'investisseurs tentent de naviguer dans le monde financier sans carte routière pour leurs investissements.

Avant d'investir de l'argent, vous devez avoir des objectifs précis et un plan pour les atteindre. C'est ici que votre aversion au risque et votre stratégie d'investissement entrent en jeu.

Mais il y a un bémol : avec une telle diversité d'investissements individuels, les choses peuvent rapidement devenir très confuses, surtout si vous n'avez pas fait vos recherches ou si vous ne savez pas par où commencer.

Comme des loups dans un poulailler, les sociétés d'investissement traditionnelles utilisent la "commodité" comme principal argument de vente pour vous inciter à investir votre argent durement gagné chez elles et à le laisser entre leurs mains jusqu'à ce que vos objectifs financiers soient atteints ou jusqu'à votre retraite (si tel est votre objectif) (si tel est votre objectif).

Mais cette stratégie consistant à accroître votre pécule est tout simplement trop dangereuse. Il est plus judicieux d'adopter une stratégie d'investissement qui augmente vos revenus actuels et vous permet de récupérer votre capital beaucoup plus tôt, au lieu d'attendre d'être trop vieux pour en profiter (ou de ne jamais en profiter du tout).

Un conseiller professionnel peut s'assurer que vous n'investissez pas plus que vous ne le devriez (ou moins que vous le devriez) et vous aider à calculer et à établir ce qui doit se produire pour que vous atteigniez vos objectifs financiers.

Que vous choisissiez ou non de recourir aux services d'un expert agréé est secondaire par rapport à votre capacité à répondre en toute franchise aux questions clés concernant la stabilité financière de votre famille.

Quels objectifs comptez-vous atteindre avec vos investissements ?

Assurerez-vous le coût de l'université ? Acheter une maison ? Prendre votre retraite bientôt ?

Possédez-vous la force intestinale (les tripes) nécessaire pour résister aux montagnes russes et aux pertes potentielles liées aux investissements à haut risque ?

Disposez-vous de suffisamment de temps avant la retraite et d'une épargne suffisante pour compter sur le rendement passif des placements, ou avez-vous besoin de rendements plus élevés pour atteindre vos objectifs de retraite ?

Ce ne sont là que quelques exemples du type de questions auxquelles vous devez être en mesure de répondre pour maximiser les avantages de la diversification.

L'investissement est comparable à un jeu dont le gagnant est inconnu jusqu'à la fin de la partie. Chaque fois que vous jouez à un jeu, il existe généralement une méthode que vous pouvez employer pour maximiser vos chances de gagner ; l'investissement ne fait pas exception.

L'investissement fonctionne mieux quand il reste simple. Les gens ont tendance à surcompliquer tous les aspects de l'investissement, le rendant ainsi plus difficile qu'il ne l'est.

Investir avec succès est comparable au jardinage, pas au fait de gagner à la loterie. Vous devez planter de nombreuses graines car les oiseaux en consommeront une partie.

Certaines s'épanouiront tandis que d'autres dépériront, et il faudra toujours désherber en permanence (et s'occuper des parasites occasionnels).

Mais si vous gérez les choses correctement (et gardez votre "monstre de cupidité"), vos investissements ont les meilleures chances de continuer à croître.

Vous pouvez les pousser doucement, mais le développement rapide est généralement instable et fragile et peut vous tomber dessus. Vous finirez par avoir quelques "arbres à argent" qui ont grandi au point de générer un revenu passif substantiel.

La richesse résulte de l'intensité de votre travail, de votre salaire, du rendement de votre argent et de la durée d'accumulation de votre argent.

Quels que soient vos objectifs à long terme, produire un revenu passif continu n'est pas toujours simple, mais tant que vous savez ce que vous voulez, que vous avez un plan et que vous vous y tenez, rien ne peut vous empêcher d'atteindre vos objectifs financiers.

Supposons que vous profitiez actuellement des étapes supérieures de la vie. Félicitations ! J'ai découvert que le voyage est plus agréable que la destination.

LES TECHNIQUES DE SORTIE ET LA DIVERSIFICATION.

Dans ces circonstances difficiles, il est important de revoir certains principes fondamentaux de la gestion et de la protection du patrimoine. Il existe de nombreuses raisons de réévaluer le positionnement de votre entreprise par rapport à vos projets de sortie à la lumière du climat économique actuel.

On a dit : "Pour devenir riche, il faut posséder beaucoup de choses, mais pour rester riche, il faut posséder des choses différentes et variées".

Par conséquent, la question qui se pose est la suivante : "Détenez-vous actuellement trop d'un seul actif - votre entreprise privée - ce qui pourrait compromettre votre stratégie globale de préservation du patrimoine ?"

C'est la question que vous devez vous poser :

Est-ce que je cherche à continuer à "devenir riche" ou à "rester riche" ?

Si vous souhaitez "rester riche", vous avez besoin d'un plan de sortie pour protéger les richesses illiquides de votre entreprise. Vous souhaiterez probablement monétiser une partie (ou la totalité) de vos intérêts commerciaux afin de DIVERSIFIER votre patrimoine.

Une autre excellente question à se poser est la suivante :

"Est-ce que j'investirais aujourd'hui tous les bénéfices de la vente de mon entreprise dans une seule action qui n'a pas de marché actif ?"

La réponse est probablement un "NON" retentissant, car le RISQUE de ne posséder qu'une seule action à ce moment de votre vie est trop grand. Ce plan financier a un seul point d'échec puisque l'investissement n'est PAS DIVERSIFIÉ.

Telle est la réalité financière actuelle pour de nombreux propriétaires d'entreprises privées.

La majeure partie de votre patrimoine est "immobilisée" dans votre entreprise privée.

Si tel est le cas, il serait prudent de se demander : "Pourquoi ne suis-je pas plus DIVERSIFIÉ ?"

Souvent, le propriétaire d'une entreprise répondra de l'une des manières suivantes :

"Je ne considère pas mon entreprise comme un RISQUE" ou "Je ne suis pas prêt à VENDRE l'entreprise. Par conséquent, je ne peux pas DIVERSIFIER. "

"Je ne suis pas prêt à VENDRE l'entreprise ; par conséquent, je ne peux pas DIVERSIFIER", ou "Si je devais vendre mon entreprise pour diversifier mon patrimoine, je ne pourrais pas le faire en ce moment".

Pour protéger financièrement mes proches dans le cas de ma disparition prématurée, j'ai souscrit une police d'assurance-vie importante (c'est-à-dire que "ma mortalité est le seul RISQUE que je considère réellement exister et qui affecte le succès futur de mon entreprise").

Mon entreprise vend divers produits et/ou services ; je suis DIVERSIFIÉ.

Vous pouvez être prêt à reconnaître : "Je ne me suis pas encore engagé à apprendre la planification de la stratégie de sortie pour protéger correctement mes richesses".

De nombreux propriétaires d'entreprise ne se sont pas encore engagés à se renseigner sur la planification de la stratégie de sortie. Pourtant, ils préfèrent protéger leur capital contre des périodes économiques difficiles comme celle que nous connaissons actuellement. Cependant, un plan de stratégie de sortie s'aligne sur vos objectifs pour vous permettre de quitter votre entreprise de la manière et au moment que vous jugez les plus appropriés.

Par conséquent, la question est la suivante : "Que doit-il se passer pour que vous commenciez à envisager des stratégies de sortie ?".

Examinez pourquoi il est difficile pour un propriétaire d'entreprise prospère de se concentrer sur une stratégie de sortie.

En tant que propriétaire d'une entreprise, vous êtes le maître de votre destin. Vous avez surmonté les obstacles qui vous empêchaient de "réussir" dans les affaires et vous continuez à le faire chaque jour. Envisager un plan de stratégie de sortie va généralement à l'encontre des idées de croissance et d'expansion de l'entreprise.

Comment pouvez-vous commencer à transformer cette façon de penser digne du Titanic en un plan de stratégie de sortie qui protège tout votre patrimoine gagné ?

Eh bien, la seule réponse logique à cette question est de demander l'avis de personnes qui ont déjà quitté leur entreprise et de rassembler les connaissances dont vous avez besoin pour "réfléchir" au départ de votre entreprise.

La collecte d'informations sur la préparation de la stratégie de sortie incite à penser à quitter l'entreprise.

La plupart du temps, l'idée de quitter votre entreprise s'accompagne d'une sensation de "temps et d'indépendance financière".

Et si ces pensées et émotions liées à la sortie persistent pendant une période suffisante, vous sécuriserez votre argent grâce à un plan de stratégie de sortie bien pensé et bien programmé.

Ensuite, vous jugerez votre réussite en partie en fonction de la diversité que votre plan de stratégie de sortie vous aura permis d'atteindre.

En conclusion, la plupart des propriétaires d'entreprise se décideront lorsqu'ils seront pleinement préparés. Par conséquent, nous ne pouvons que continuer à insister auprès des millions de propriétaires d'entreprises sur le fait que la diversification est essentielle pour garantir le succès que vous avez passé votre vie à atteindre.

Dans cette optique, on peut dire qu'il n'est jamais trop tôt pour envisager une stratégie de sortie, et nous vous laissons avec l'avertissement que la seule méthode pour une bonne stratégie de sortie est une stratégie proactive.

LA DIVERSIFICATION EST LA CLÉ DE LA RICHESSE INDIVIDUELLE.

Il faut du temps et des efforts pour amasser des richesses ; très peu de personnes fortunées dans le monde sont nées riches ; la grande majorité a gagné sa fortune en travaillant dur.

Demandez à tous ceux qui ont plus d'argent en banque que le travailleur typique, et ils vous diront qu'ils ont travaillé extrêmement dur dans le passé et continuent de le faire pour maintenir leur fortune. Ils vous diront également que diversifier autant que possible est l'une des meilleures méthodes pour convertir votre investissement en richesse.

La plupart d'entre nous ont un budget serré lorsqu'ils débutent, et nous recherchons des gains financiers à court terme qui rempliront nos comptes en banque. Cependant, à moins de gagner à la loterie, il est peu probable que cela se produise. Il faut du temps et des efforts pour bâtir une richesse et une stabilité financière suffisante pour la maintenir.

Tout membre du club des millionnaires ou des milliardaires mettra l'accent sur la diversification des investissements, ce qui revient à ne pas mettre tous ses œufs dans le même panier. Il existe tellement d'options pour investir votre argent qu'il peut être difficile de décider lesquelles choisir. Avant d'investir, observez les tendances des différents marchés pendant un certain temps.

Ouvrir un compte 401(k) et investir dans un fonds commun de placement est un bon point de départ ; c'est un moyen relativement sûr d'investir, et les rendements à long terme peuvent être satisfaisants. Une fois que vous commencez à voir des bénéfices dans votre fonds commun de placement, vous pouvez essayer d'investir une partie de vos bénéfices sur d'autres marchés.

Investir sur le marché monétaire Forex est une bonne approche pour réaliser des gains plus importants sur une période plus courte, mais vous devez comprendre le fonctionnement de ce marché pour réaliser des bénéfices. Trouvez un fournisseur crédible dont le logiciel propose un programme de formation et étudiez-le bien avant d'investir.

L'achat d'obligations et de bons du Trésor est un investissement assez sûr ; selon le type d'obligations que vous achetez, le rendement peut être assez élevé. La seule qualité rédhibitoire de ces obligations est qu'elles sont garanties par le gouvernement américain, qui ne risque pas de faire faillite, ce qui garantit la sécurité de votre argent.

Prenez votre temps et investissez intelligemment ; vous aurez un avenir financièrement sûr. Plus votre portefeuille est diversifié, plus vous pouvez gagner de l'argent pour créer de la richesse.

Essayez ce que j'ai fait si vous avez besoin d'argent immédiatement ou dans l'heure. Je gagne plus d'argent aujourd'hui que dans ma précédente entreprise, et vous le pouvez aussi si vous cliquez sur le lien ci-dessous et lisez l'incroyable histoire vraie. J'ai été méfiant pendant seulement dix secondes après mon adhésion avant de savoir ce que c'était. Vous serez également rayonnant d'une oreille à l'autre, comme je l'ai été.

Imaginez tripler votre argent chaque semaine avec un risque négligeable ou nul ! Pour trouver une liste de sociétés vérifiées valant des millions de dollars et donnant une commission de 75% sur leurs produits.

Après avoir décidé de prendre leur retraite, de nombreuses personnes craignent surtout de manquer d'argent. La diversification des sources de revenu de retraite permet de réduire ce risque. La diversification est l'un des éléments les plus précieux d'un plan financier, car elle peut réduire le risque de manquer d'argent.

La plupart des retraités disposent de diverses sources de revenus pour soutenir leur style de vie. Les prestations de la sécurité sociale sont disponibles à partir de 62 ans. Les comptes pour la retraite et l'épargne privée peuvent être investis dans de multiples classes d'actifs. Les compagnies d'assurance proposent des annuités fixes qui peuvent générer un revenu mensuel régulier.

Les paiements de la sécurité sociale et des rentes fixes sont garantis mais peuvent ne pas suffire à couvrir tous les frais. Chacune de ces sources de revenu comporte des risques. Par conséquent, aucune n'est idéale.

En outre, elles peuvent ne pas suivre le rythme de l'inflation, ce qui compromet la capacité de maintenir le pouvoir d'achat au fil du temps si elles constituent la seule source de revenu. Les garanties des rentes fixes dépendent de la capacité de la compagnie d'assurance émettrice à payer les sinistres.

Investir dans des actions et des obligations est une autre option à envisager lorsqu'on cherche à obtenir un revenu de retraite. Les actions offrent un plus grand potentiel d'appréciation du capital, mais sont plus risquées et peuvent perdre de leur valeur. En règle générale, les obligations offrent des taux d'intérêt plus élevés que les rentes fixes.

Les obligations supportent le même risque de baisse de valeur que les actions jusqu'à leur échéance. Ni les actions ni les obligations ne fournissent un flux de trésorerie mensuel. La plupart des obligations versent des intérêts semestriels. Les actions peuvent ou non donner lieu à des dividendes trimestriels. Cependant, beaucoup ne versent aucun dividende.

La diversification permet d'atténuer le risque associé au fait de ne compter que sur une seule source de revenu de retraite. La sécurité sociale et une rente fixe peuvent constituer une base de revenu mensuel dans le cadre d'une approche globale. Les investissements dans des comptes de retraite et d'autres économies peuvent être utilisés pour compléter les paiements fixes et générer une croissance à long terme.

Un portefeuille diversifié peut protéger contre les catastrophes imprévisibles. De nombreux retraités craignent d'épuiser leurs fonds. Les annuités fixes peuvent atténuer ce problème, selon l'option de paiement choisie. Ainsi, une rente fixe peut faire office d'assurance soins de longue durée.

La sécurité sociale et les rentes fixes peuvent être utiles pour assurer un revenu stable, mais elles ne répondent pas aux demandes de sommes forfaitaires. Ceux qui préservent une partie de leur patrimoine dans des investissements liquides tels que des actions et des obligations peuvent les utiliser pour faire face à d'énormes factures d'urgence si nécessaire. Une deuxième préoccupation est qu'une dépense importante, comme une facture médicale salée, survienne au début de la retraite.

Non seulement la diversification, deuxième règle d'or d'un investissement réussi, implique de ne jamais mettre trop d'œufs dans un panier qui doit également être équilibré de manière appropriée entre les titres à revenu fixe et les actions, mais la très importante section "actions" des portefeuilles doit également être subdivisée en un nombre suffisant de sous-secteurs afin de répartir le risque sur un nombre adéquat d'actions individuelles.

Le Canada ne représentant que 2 à 3 % de la valeur du marché boursier mondial, il est impératif de se diversifier à l'étranger pour accéder à des possibilités d'investissement plus nombreuses et meilleures. Les fonds communs de placement étrangers, les fonds négociés en bourse ou les entreprises américaines et canadiennes ayant des activités importantes à l'échelle mondiale peuvent être utilisés pour atteindre une diversification mondiale.

En effectuant une telle recherche, on découvrira qu'il existe une abondance d'actions étrangères parmi lesquelles choisir, la confiance dans les sources d'information sur lesquelles ces décisions sont fondées étant essentielle.

La nécessité de la diversification souligne également l'importance de la signification statistique des avoirs individuels du portefeuille. En d'autres termes, les actifs individuels ne doivent pas devenir trop faibles pour contribuer de manière significative à la croissance du portefeuille.

Pour cette raison, les actions individuelles ne devraient jamais représenter moins de 5 % d'un portefeuille. Par ailleurs, le rééquilibrage régulier des actifs pour obtenir une pondération égale en dollars est essentiel pour obtenir les meilleurs résultats à long terme que cette approche innovante et éprouvée peut produire.

Par définition, l'investissement n'est jamais sans risque : récession, inflation, catastrophes mondiales, concurrence mondiale implacable, évolution de la technologie, augmentation des impôts, faillite d'entreprise, manque à gagner, etc.

Malgré cela, les risques de cette nature peuvent être réduits à des niveaux acceptables grâce à une étude préalable, une répartition prudente des actifs et une diversification adéquate - encore ces principes d'or !

Il est également possible de contrôler ou de se couvrir contre le risque en utilisant des produits dérivés sophistiqués dont la valeur est "dérivée" des changements dans les forces qui affectent les prix des actions et des obligations.

Par exemple, un céréalier peut vendre un contrat pour bloquer le prix de sa récolte, tandis qu'un client, tel qu'un transformateur alimentaire, peut acheter un produit dérivé au céréalier pour bloquer le prix des matières premières.

En fin de compte, les produits dérivés peuvent être utilisés pour assurer les portefeuilles contre les pertes de capital et de revenu, ce qui en fait un moyen très efficace d'exercer un effet de levier, c'est-à-dire d'augmenter le rendement des investissements en empruntant. Cependant, ils peuvent être dangereux si des montants excessifs sont empruntés ou utilisés de manière irresponsable.

DES CERISES SUR LE DESSUS.

Équilibrer les portefeuilles de manière appropriée, diversifier et investir de manière disciplinée et systématique. Avec le temps, il peut y avoir un coussin suffisant pour des investissements plus risqués ou même pour spéculer en vue d'un gain ponctuel pour augmenter le potentiel d'accumulation de richesse :

Mais n'oubliez jamais d'enquêter au préalable et de ne prendre de telles décisions que lorsque les portefeuilles ont été correctement constitués et que les pertes éventuelles liées à des propositions plus risquées peuvent être supportées.

Une dernière considération est que l'investissement efficace, une proposition risque-récompense à long terme, doit impliquer l'ascension de murs d'anxiété sans fin dans un processus impliquant de nombreuses variables interdépendantes.

Toutefois, si vous respectez les deux règles d'or, si vous faites preuve de patience et d'autodiscipline, vous pouvez être certain que votre retraite sans souci deviendra une réalité grâce à des investissements remarquables et efficaces.

N'oubliez pas non plus que le temps passé sur le marché sera bien plus essentiel que le timing au jour le jour pour surmonter ces murs d'angoisse. Le légendaire Sir John Templeton a un jour affirmé que le moment idéal pour investir était celui où l'on disposait déjà d'un capital. De même, le grand Warren Buffett a toujours considéré l'incertitude et les chances de réduction qu'elle présente comme un ami de l'acheteur de valeurs d'investissement à long terme.

Malgré la complexité de l'investissement moderne, nos parents n'ont jamais disposé d'un choix aussi vaste de produits et de services d'investissement parmi lesquels ils pouvaient choisir ou sur lesquels ils pouvaient bâtir leurs plans de retraite à long terme. Investir et prospérer tout en naviguant efficacement dans l'équilibre risque-récompense est un défi à notre portée comme jamais auparavant.

Pour les investisseurs, il s'agit aujourd'hui d'un havre de sécurité enviable, fiscalement sain et séduisant, comparable à aucun autre !

CONCLUSION.

Il ne fait aucun doute que la richesse et la prospérité sont essentielles au bonheur. L'argent ne vous donne peut-être pas d'autres années de vie, une bonne santé ou le bonheur, mais il joue une fonction vitale dans la société et constitue une force puissante qui alimente l'économie mondiale.

Il existe une loi de la richesse et du succès dans les études de spiritualité, et quiconque connaît et applique ces sept règles de production de richesse prospérera. Peu de gens connaissent ces six principes car ils sont cachés à nos yeux, qui ne voient que des objets tangibles, et dépassent l'entendement commun.

Les anciens sages de nombreuses civilisations et religions connaissaient bien les SIX lois de la création de richesses. Elles sont universelles ; par conséquent, toute personne, quelle que soit sa foi, peut les utiliser pour atteindre des résultats extraordinaires.

Il est également essentiel de considérer l'argent comme une source d'énergie divine. Tout le monde en est conscient, mais il faut la rendre manifeste. Il suffit de l'extérioriser. En d'autres termes, tant que vous ne cultivez pas une "mentalité de millionnaire", il est difficile d'attirer la richesse dans votre vie.

Ne détestez pas l'argent. Si cette énergie est canalisée de manière appropriée et combinée à l'harmonie créative de l'univers, vos pensées positives et puissantes peuvent manifester tout ce que vous désirez dans votre vie.

Tout le monde n'aime pas l'argent ? Les gens peuvent inconsciemment rejeter l'argent sur la base de principes religieux, même s'ils le reçoivent ouvertement. Vous devez aimer l'argent aussi complètement et dévotement que vous aimez votre partenaire.

Aimez l'argent sans arrogance, et il vous rendra la pareille. Ne le considérez pas comme méchant et ne remettez pas en question sa nature. L'argent n'est pas impur, seuls les cerveaux de ceux qui le possèdent le sont. Vous condamnez, vous perdez.

La sécurité financière est obtenue grâce à un processus. Elle implique que ce processus vous accompagnera tout au long de votre vie, et qu'en ouvrant votre cœur et votre esprit aux richesses, vous développerez un sentiment de richesse que personne ne pourra vous enlever.

Les idées sont des impulsions énergétiques qui peuvent se matérialiser ; par conséquent, il faut comprendre que le destin de sa vie est entièrement contenu dans ses pensées. Par conséquent, habituez-vous à penser à l'aisance, à la richesse et au succès ; le meilleur viendra à vous. Ne vous détestez pas !

Lorsque l'argent entre dans votre vie, il est subordonné à un but, un objectif ou un désir. La force motrice de la vie a un but ; elle donne un sens à l'existence et la rend sacrée. C'est à vous de déterminer le but de votre vie.

Vous devez identifier explicitement comment vous voulez que la richesse se manifeste dans votre vie, car elle a de multiples manifestations. À partir de maintenant, établissez votre objectif de vie le plus possible et respectez-le jusqu'à ce qu'il soit atteint.

L'argent est une énergie, et toutes les énergies doivent circuler ; par conséquent, l'argent doit circuler de la même manière que le sang. Lorsque le sang circule facilement dans tout votre corps, votre santé est superbe. Par conséquent, faites circuler votre argent. Cela n'empêche pas d'épargner. Vous devez l'épargner en fonction de l'émotion de l'optimisme de la vie.

Les gens croient que le fait de détenir des économies les protège contre les "jours de pluie", mais cette croyance est fondée sur le pessimisme, qui n'est pas encouragé en ce qui concerne la circulation de l'argent. N'ayez pas constamment peur.

Par conséquent, l'épargne, tant qu'elle est motivée par des attitudes saines et agréables, n'entravera pas le passage de l'argent ou de l'énergie cosmique dans le cosmos.

Acquérir des richesses sans les rendre génère un karma négatif, qui finira par se manifester. L'univers vous récompensera davantage si vous êtes généreux, altruiste, sincère et modeste, sans être arrogant ou hypocrite.

Donner et recevoir va au-delà du domaine des biens matériels. Il peut s'agir de considération, de flatterie ou d'admiration pour les autres. Par conséquent, élargissez votre cœur pour donner et accepter davantage. N'oubliez pas d'exprimer votre gratitude et votre appréciation à l'Univers pour le cadeau et soyez heureux de ce que vous possédez actuellement.

Tout le monde a une "petite voix" qui s'exprime en cas d'incertitude. Le problème, c'est que nous avons complètement bloqué la "petite voix". Cette voix est véritablement votre meilleure amie dans la vie et se trouve du côté droit de votre cerveau.

Pour consulter votre ami, construisez un souhait ou une demande dans votre cœur et, de préférence pendant la méditation, laissez couler ce qui vient. Par conséquent, chaque fois que vous rencontrez un scénario incertain, utilisez votre intuition pour vous inspirer et vous guider. Par conséquent, utilisez votre instinct dans vos efforts pour gagner de l'argent !

Ce sont les six règles les plus efficaces pour gagner de l'argent. Ce sont les techniques incontestées pour faire des richesses dans votre vie, vous devriez donc toujours avoir confiance en elles, car elles ont été testées et réessayées tout au long de l'histoire. Mettez-les en œuvre immédiatement, et vos efforts seront largement récompensés.

Consultez votre direction spirituelle si vous n'êtes pas sûr. Appliquez-les quotidiennement avec assurance et persévérance, et vous commencerez bientôt à constater des résultats miraculeux.

Compétences de gestion pour les gestionnaires.

- ➤ Gestion du temps pour les managers
- ➤ Coaching des employés pour les managers
- ➤ Team Building pour les managers
- ➤ Confiance en soi pour les managers
- ➤ Techniques de négociation pour les managers
- ➤ Compétences en matière de service à la clientèle pour les gestionnaires
- ➤ L'affirmation de soi pour les managers
- ➤ Étiquette commerciale pour les managers
- ➤ Compétences d'écoute pour les managers
- ➤ Compétences de leadership pour les managers
- ➤ Compétences en communication pour les managers
- ➤ Compétences de présentation pour les managers
- ➤ Gestion du stress pour les managers
- ➤ Prise de décision pour les managers
- ➤ Gestion des conflits pour les managers.

Série : La liberté financière à tout âge.

- ➤ Atteindre la liberté financière à l'âge de 20 ans
- ➤ Atteindre la liberté financière dans la trentaine
- ➤ Atteindre la liberté financière à la quarantaine
- ➤ Atteindre la liberté financière dans la cinquantaine
- ➤ Atteindre la liberté financière à 60 ans
- ➤ Atteindre la liberté financière à 70 ans et au-delà.
- ➤ Atteindre la liberté financière chez les enfants
- ➤ Atteindre la liberté financière chez les adolescents
- ➤ Atteindre la liberté financière chez les étudiants.

- ➢ Les escroqueries financières dont il faut se méfier à la retraite.

Série : Personal Finance for You.
- ➢ Acheter et vendre des crypto-monnaies pour les débutants
- ➢ Pourquoi investir dans des actions à dividendes a du sens.

Série : Richesse 2022.
- ➢ Entrepreneuriat en ligne.
- ➢ Créer sa propre entreprise
- ➢ Gestion de patrimoine
- ➢ Les revenus passifs.
- ➢ 12 étapes pour créer votre propre entreprise.

Série : Excellent service à la clientèle.
- ➢ Excellent service à la clientèle dans le commerce de détail
- ➢ Excellent service à la clientèle dans la restauration rapide
- ➢ Excellent service à la clientèle dans un restaurant à service complet

- ➢ Excellent service à la clientèle dans l'enseignement.
- ➢ Excellent service à la clientèle dans l'immobilier
- ➢ Excellent service à la clientèle dans un centre d'appels
- ➢ Excellent service à la clientèle en tant que réceptionniste
- ➢ Excellent service à la clientèle dans un hôtel
- ➢ Excellent service à la clientèle dans la vente
- ➢ Excellent service à la clientèle, quelle que soit la situation.
- ➢ Excellent service à la clientèle dans un cabinet dentaire
- ➢ Excellent service à la clientèle dans un bureau médical.

Série : Quick Money.

- ➢ Argent rapide en une semaine
- ➢ De l'argent rapide en un week-end
- ➢ Argent rapide en un mois
- ➢ De l'argent rapide pour les étudiants.

Série : Comment faire de la promotion.

- ➢ Comment faire la promotion de votre livre de recettes
- ➢ Comment faire la promotion de votre livre pour enfants.

Autres livres de D.K. Hawkins.

- Comment faire prospérer votre entreprise en période de récession ?
- Créer une plus-value pour les clients
- Reconnaître les possibilités d'augmenter les flux de trésorerie.
- Les récessions sont le moment où se créent les millionnaires et les milliardaires.
- Les six lois de la richesse

Biographie de l'auteur

D.K. Hawkins. D.K. aime lire des livres sur les affaires personnelles ainsi que passer du temps à l'extérieur. D'autres livres viendront s'ajouter à cette collection, alors suivez-nous sur Amazon pour en savoir plus.

Merci d'avoir acheté ce livre.

Je l'apprécie sincèrement et je vous apprécie, vous, mon excellent client.

Que Dieu vous bénisse.

D.K. Hawkins.

www.ingramcontent.com/pod-product-compliance
Lightning Source LLC
Chambersburg PA
CBHW052347220526
45465CB00003BA/1004